Gebhard Kohler Theresia F. Honda

KIMYŌ ▪ Band V

JIHI – unsere Lamento im Miseri-cordia

JE ... SUS CHRIS ... TUS

Sein Entfalten
zu fahnden

Für das
himmlische
Verwacht-
sein sich zu
weihen

Im Sündenfall geschah durch den Widerspruch der listigen Schlange das In-eins in zwei Welten zu bilden: Leben und Tod

„Wahrlich, wahrlich, ich sage dir: Wer nicht von obenher geboren wird, kann das Reich Gottes nicht schauen“ (Jes 3,3)

Das im
So-sein zu
gewähren

Dem Höl-
lischwal-
tenden zu
punktieren

SA ... TA ... NAS

DAS SEIN UND NICHT-SEIN

IM JEWEILIGEN VERLANGEN

Gebhard Kohler Theresia F. Honda

KIMYŌ

Band V
JIHI – unsere
Lamento im Miseri-cordia

Ein Dokument
der Zen-Jou Community Foundation

eos

1. Auflage 2022

mail@eos-verlag.de
www.eos-verlag.de

ISBN 978-3-8306-8148-9

Bibliografische Information der Deutschen Bibliothek
Die Deutsche Bibliothek verzeichnet diese Publikation
in der Deutschen Nationalbibliografie;
detaillierte bibliografische Angaben
sind im Internet unter http://dnb.ddb.de abrufbar.

Pustet Druck Regensburg
Printed in Germany

Inhalt

35 *Christus im Sein* zu begegnen: in unserem Mensch-sein, ja bis zu all den Geschöpfen

Wollen wir den Zwiespalt in unserem Welt-sein offenlegen, dann kommen wir nicht umhin, unsere doppelte Herkunft zu lichten: unser Irdisch- vom Überirdisch-sein unmissverständlich zu sichten. Das uns notwendig auferlegte *In-sichtkommen*, soll es – ohne auszuweichen – wahrhaft geschehen, bedarf der vollen Hingabe, um es mit dem uns Aufgetragenen zu wirken. Das irdisch Zugrunde-gelegte *durchkreuzt* das Überirdische. Ohne dessen geklärt zu werden, bleibt unser Mensch-sein zwiespältig. Aus diesem Zwiespalt begehren wir, im Selbst-sein alles zu übertreffen, dem wir die Absage zu gebieten haben. Denn solch ein tribuniziertes Heischen will den Verlauf des Hier-seins restlos bahnen und das Überirdische im Irdischen platzieren, ja sogar das Darüber-hinaus als irreal verleugnen! Hiermit liefern wir unser Leben weitgehend der Verdinglichung aus.

Unser Sein in der Welt ereignet sich zeitlich bedingt. Geblendet durch das vielfach Konkret-fassbare kann das Wesentliche unseres Seins wohl übersehen werden. Jedoch, das Unfassbare birgt das überzeitliche Wirken des uns Leben-lassenden in sich: stünde dies nicht doch dem wahren Sein-sollen durch *ein Sühnen unseres Blind-seins* bereit! Auf solch ein Sich-bemühen des Gebotenen verweist uns die Offenbarung des Johannes: „Da! Ich stehe an dem Tor und klopfe: Wer auf meine Stimme hört und das Tor öffnet, zu ihm trete ich ein, und mit ihm halte ich Mahl – und er mit mir“.[1]

So wie wir in unser Welt-sein gesetzt sind, treffen wir mit jedem Atemzug immer auch das All, sei es damit einend oder es missbrauchend. Auch das All-geschaffene hat an dem Einen seinen Anteil. Wo immer der Mensch dies durchkreuzt, mindert sich das Leben ebenfalls für ihn selbst: darbend gibt er sich dahin. Das eigentliche Dilemma unseres Seins jedoch besteht darin, dass wir die Fehlgriffe an der Kreatur um des Profits willen vorsätzlich übersehen, dies, obwohl deren Wirken sich unmittelbar rächt.[a] Würden wir uns doch endlich dessen einsichtig werden, dass in der ganzen Schöpfung ein Schlüssel liegt, der dem Erschließen des von uns Nichtfassbaren sehr hilfreich sein kann. Je einsichtiger wir dem Lebens-Nerv – dem Wurzel-grund allen Seins – werden, desto offensichtlicher erschließt er sich uns, auf dass unser Nichtübereinstimmen mit dem Ordnungsgefüge der Kreatur sich mindert und letztlich auflöst.

Das kosmisch Bergende will uns auf dem Weg *zu unserem eigentlich wahren Vater* begleiten, wofür das uns zunächst Verwahrte zu erschließen ist. Wir, ein nicht auszuschließender Teil des Ganzen, sind gefordert, das – zwischen uns und den himmlischen Kräften – Wirkende zu enträtseln. Das gefügt Gegebene mit uns Seiend-wirkende teilt sich uns belegbar mit, wonach wir uns richten, indem wir uns selbst *Ihm* geben. Unser Unterschieden-sein – wie wir sind – will *Er* gefügt für uns bergen. Demzufolge wird unser differenziertes Eins-sein zum Schlüssel, der uns das Maß unseres In-der-welt-seins bewusst macht und zugleich auch in aller Klarheit die uns aufgetragene Verantwortung offenlegt. Dieses Einwirken wird recht von uns getragen, indem wir „zur Erkenntnis des Geheimnisses Gottes – des Messias – [kommen], in dem alle Schätze der Weisheit und Erkenntnis verborgen sind“.[2]

Beharren wir im Selbst-sein, so schließen wir uns eigenwillig von dem uns Vermachten des Lebens aus.[b] Dartuend im Selbst-lassen bestünde dagegen durch *den reichhaltig aneignenden Dietrich*, der – bis nahezu in den Himmel – das innere Auge für dessen Zu-erschließendes öffnen würde. Wollen wir dem Unversöhnt-sein entkommen, bedarf es eines dreifach klarlegenden Entschleierns bezüglich der uns erhaltenden Lebens-welt:

- all unser Tun und Lassen zeigt sich zunächst *im Fleischlichen,* welches in der Regel durch sein Begehren weithin das von uns Zu-umfassende zu bestimmen sucht. Verbleiben wir lebenslang auf diesem Gewahren, dann verlieren wir zusehends das für uns anstehend Überzeitliche aus dem Blickfeld. Dies ist eine Lebens-weise, durch die wir mittels des So-seins letztlich uns selbst ruinieren, ohne dessen einsichtig zu werden, denn hier handelt es sich um das Werk negativer Kräfte, die von uns nicht zu fassen sind;
- das, was zwischen dem Fassbaren und dem von uns Nicht-anschaulichen wirkt, kann sich uns nur mitteilen, insofern wir uns läuternd dafür bereiten. Alle Störfaktoren, die sich im Verhältnis zwischen dem Körperlichen und dem Seelischen bilden, müssen bloßgelegt und abgebaut werden, um der authentischen Wirkkraft das entsprechende Bewirken zu billigen. Hierbei geht es um das Bewusst-werden dessen, was bis dahin verborgen blieb: eine Vorstufe, die uns dem eigentlich Leben-lassenden näher bringt;
- *dem ursächlich Vermachten des Lebens* sind wir in erhabenster Weise verpflichtet, *uns zu geben.* Es kann sich uns nur mitteilen, insoweit das Ihm Widersprechende seiner Wirkkraft entnommen ist.

Das Beleben des dreifach in uns Wirkenden gilt es, läuternd zu durchschreiten. Auf dem Lebens-weg dürfen wir unserem Verantworten keinesfalls abtrünnig werden; jegliche Art eines Ausweichens trifft immer das All-samt.

Die hiermit offengelegte Dreiheit einzulösen, wäre nicht nur scheinbar möglich, sondern greifbar. Zeigt dies die Lebenspraxis nicht doch in vielfältig fassbarer Weise? Das Hindernis hierfür ist letztlich nicht unsere Begehr des Verfügens, nein, es ist das Zu-bemessen dessen, was nun unausweichlich zu opfern ist:

„Zu trauen ist dem Wort, denn:
Sind wir mitgestorben, werden wir auch mitlebendig.
Harren wir aus,
werden wir auch das Königtum mitausüben.
Verleugnen wir, wird auch er uns verleugnen.
Sind wir untreu, er bleibt treu.
Denn: Sich selbst verleugnen kann er nicht".[3]

Anmerkungen

Anm. a: Wie sehr unser Mensch-sein angeschlagen ist, zeigt sich, wenn Katastrophen wie Erdbeben, Taifune und Epidemien kommen. Allgemein stellen wir fest, die Tierwelt nimmt dies vorweg wahr und reagiert darauf, uns Menschen jedoch entgeht solch ein Gewahren. Weshalb: die Tierwelt bleibt in ihrem gegebenen Ordnungs-Prinzip, der Mensch nicht. Er kann nach seinem eigenen Willen wählen und ist massiv dabei, dies überzeugt zu tun. Deshalb fragen wir kaum danach, dem Willen des Schöpfers zu folgen: unsere Aus-flucht wird zur In-flucht, indem wir die Lüge als wahr rechtfertigen. Aufgrund solch eines Daneben-greifens kann unser Leben derart von den Kräften beherrscht werden, die der Wahrheit trotzen. Es wäre schon viel gewonnen, wenn wir uns in tiefgründiger Weise bewusst wären, wie tief wir gesunken sind. Alle Art von Arroganz, Einbildung und Erblindung ließe sich dadurch heilen.

Anm. b: Wer auf diese Art sein Leben verdirbt, ist durch sein Sich-verunreinigen geblendet. Wie sehr schädigen wir uns damit! Dennoch wollen wir dabei bleiben und uns davon nicht trennen. Unser gewilligtes Begehren, um selbst zu wählen, umfängt und bindet uns im Ich-sein-wollen. Dessen Folge zeigt sich in der Toleranz des Dabei-seins, welche in seiner fiktiven Selbst-gefälligkeit blüht. Für das All-sammt haben wir deshalb wenig Sinn; ja, wenig Sinn für *das Wort des Lebens*. Eigentlich besteht unser Mensch-sein darin, *auf das Wort zu hören, ihm ganz zu vertrauen, uns ihm mit allem, was wir sind und haben, zu geben.*

36 Mit-leiden: vom Selbst-sein entfesselt, befreit zuzugreifen

„... Ihr tut gut, darauf zu achten wie auf ein Licht, das an einem dunklen Ort scheint, bis dann der Tag aufleuchtet und der Lichtstern in euren Herzen aufgeht".[1] Das Mit-leiden hat viel Gesichtszüge: es kann genealogisch, fremd-bewirkt oder triebhaft-gefesselt verursacht sein, was zu umgehen dringend geboten ist. Allein das, dass all dies auch vernetzt agieren kann, zeigt zur Genüge, wie heikel ein solches Zugreifen sein kann. Hier mit Klischees einem Belasteten gegenüber zu treten und dadurch ihn anzuwandeln, kann unter Umständen die Bürde seines Zu-erleidens noch unerträglicher werden.

Wer auf dem Weg ist, seiner eigenen Finsternis, die in ihm haust, einsichtiger zu werden, durchschaut sein Gegenüber auch merklicher. Jedoch, das fürwahr Nicht-erwacht-sein sowohl des Sehenden als auch des Gesehenen veranlasst ihnen im *Zubringen des Lebens* ein zwanghaftes Gebaren, dessen Gegebenheit sich nur schwerlich zu korrigieren lässt. Nimmt jener von außen sein Gegenüber anlastend wahr und will zugreifen, wie reagieren wohl beide? Ist das Helfen-wollen vom Ich-willen nicht frei, was geschieht dann wohl? Um hier Unheilvolles zu vermeiden, lehrt Jesus Sirach: „Der Weise schweigt bis zur rechten Zeit, der Tor aber achtet nicht auf die rechte Zeit".[2]

Das Aufgedeckt-werden des Leiden-stiftenden fasslich zu bejahen, ist nicht selbstverständlich, da dies teilweise instinktiv wie eine erschlichene Habe wirksam sein kann; außerdem lässt sich das damit verknüpfte Zu-identifizieren nicht immer klarstellen. Ferner kann das Offenlegen dessen, was ungeklärt ansteht zu klären, *aufgrund eines ein- oder beidseitig interessen-gesteuerten Gebarens* schnell in einen Gegensatz zueinander treten. Es kann auch vorkommen, denjenigen, durch den sich jemand aufgedeckt erfährt, anzugreifen: dieser stellt sich gegen jenen und versucht, ihn aus dem Feld zu räumen. Verhält sich derjenige, der aufdeckt, keinesfalls dem Betroffenen gegenüber herabsetzend, erst dann geht ihm das wahre Mit-leiden auf: nun geht er in den Fußstapfen seines Meisters. Eben dies ist das Ihm-nachfolgen: „... Wenn ein Glied leidet, leiden die Glieder zusammen. ... Wenn ein Glied verherrlicht wird, freuen sich die Glieder mitsammen".[3]

Indem ein Mit-leidender sich für den, der sich *im eigenen Kerker* befindet, stellvertretend dessen Leiden auf sich nimmt, vor Ihn – den Vater – stellt und Ihm diese Qual darreicht, bietet sich die Umkehr an.[a] Eigentlich vollzieht sich das Notwendende durch die Spur, die Christus für uns gelegt, ja weiterhin legt. Er ist wahrlich der weisend Mit-leidende: dessen Spur vermag derjenige, der vom Selbst-sein durch Ihn ergriffen ist, entschieden zu folgen und sich seinem je begegnenden Gegenüber zu öffnen. Wäre es nicht so, wer könnte dann aus eigener Kraft noch zur Umkehr gelangen. Ausgelesen hierfür ist Paulus, denn er ist für alle alles geworden.

Je tiefer der Mensch sich selbst schaut, desto schmerzlicher wird ihm ein interessen-gesteuertes Zugreifen, ja, er meidet es um des All-samt willen. Dieses Betroffen-sein ist der nicht zu hintergehende Grund des Mit-zu-leidens. Indem Jesus diesbezüglich vielfältig den gordisch-wirkenden Knoten offenlegt, ringt Er darum, mit Ihm den Weg zu gehen: „Wer in eins mit mir bleibt, wie ich in Eins mit ihm: Der trägt viel Frucht. Denn ohne mich vermögt ihr nichts zu tun".[4] Der für uns zu lösende Knoten löst sich nur *‚in eins mit mir'*. *Das hierdurch zutiefst erwirkende Selbst-getroffen-sein spiegelt sich in unserem Ver-greifen am Leben: dies im Grad des Nicht-verschmutzt-seins* der *Identität der Kern-$_F$ (des Samen Gottes).*[5] Wie mühevoll der Weg ist, das In-eins mit Ihm zu verdeutlichen, lesen wir selbst bei Paulus: „Denn: Nicht das Gute, das ich will, tue ich, sondern das Üble, das ich nicht will, das mache ich. Wenn ich aber gerade das tue, was ich selber nicht will, so erwirke nicht mehr ich das, sondern die mir innewohnende Sünde".[6]

Das Erfassen der zwei Welten fordert das von uns genötigte Einsichtig-werden hinsichtlich ihrer Wirk-weisen in uns. Ihr Vermischt-sein – wie Paulus über die zwei Welten in sich klagt – zu entwirren wäre schon viel. Denn allein das Bewirken des wahrhaft Beurteilten hinterlässt keine befleckende Spur. Jedoch, wie vielfach dargelegt, das Sinnlich-begreifbare ist weitgehend durch den Willen und die Vernunft – deren Widerspruch zum Leben – gesteuert. Wenn Wille und Vernunft genesen, dann lässt sich ihr Sich-lichten mit dem unwandelbar Übernatürlichen gebührlich einen: nur dem gemäß können wir dem Unheilstiften entkommen. Hierdurch öffnet das überirdische Licht *das Tor zum Mit-leiden*, ohne dem Vergreifen – an Sich-selbst oder am Gegenüber – zu verfallen.

In Wirklichkeit wird das sich erweisende Mitleiden nicht selten in einem Überzeugt-sein verschiedentlich ausgeübt, dessen Für-gut-halten kaum überbietbar zu sein scheint. Wird das Empfangen als auch ein Geben dieser Art gehandhabt, wirkt dies nebelhaft, wodurch weder die Not zu wenden noch sie zu entrichten ist, denn auf beiden Seiten ist das Anrechnen instinktiv vorhanden. Es ist nichts anderes als ein selbstgefälliges Begehren, insgeheim doch etwas zu erwarten. Außerdem, kann ein diesbezügliches Verhalten vom Selbst-gebunden-sein befreit werden? Keinesfalls! Wenn das Begebene aufrichtig sein soll, so zeigt es sich daran: in erster Linie haben die überirdischen Kräfte das Widerfahrene bewirkt.

Durch den Seelen-spiegel kündigt sich das Ergehen *im Ineins* an. Wäre der Spiegel weder von Staub noch mit Krusten belegt, dann würde sich für uns sowohl das Irdische als auch das Überirdische in vielfacher Hinsicht klären. Jedoch, aufgrund des eingetrübten Spiegels sind wir in illusionärer Weise überzeugt, dass wir unser irdisches So-sein selbst bestimmen können, ja, dessen Vollbringen zu verfügen trachten. Erst dadurch, dass wir *den Weg der Spiegel-reinigung* entschieden gehen, erkennen wir unser ahnungsloses Geblendet-sein. Was kostet uns schon allein dessen Vorgehen, um wenigstens dem sinnlich verabsolutierten Wahrnehmen zu entgehen; leider ist dies vielfach nicht gewollt, denn eben im Geblendet-sein finden wir in illusionärer Weise den Humus für unsere Pseudo-Wahrheitswerte.

Das In-eins ist unter allen Umständen – stets *von Ihm*, dem Schöpfer, nicht ablenkend – von uns zu suchen und zu finden: es gilt zunächst, dem uns Deutend-tradierten – je nach der Befähigung – zu begegnen. Das Vorangehen bedarf des Zugebens der Tatsache, dass das wirklich Teilhaftig-sein am *Leben-selbst* uns kaum bewusst war und ist. Soll der Lebens-Impuls, den wir weitgehend verkennen, erweckt und authentisch wahrgenommen werden, nötigt uns das Entsagen des Ihm-widersetzens. Der spürend zu gehende Weg erfordert von uns, *dem wach-gerufenen In-eins* – um des Früchte-tragens willen – anheimzugeben. Wer am offenbar Sich-ereignenden festsitzt, das sich sukzessiv einstellt, entgeht nur spärlich dem Aufgebot, den widersetzenden Kräften im Voran nicht auszuweichen. Denn je bedachter er vorangeht und das dem *In-eins* Widerstreiten offenlegt, desto deutlicher geschieht ein Auflauern, um zu täuschen, indem der Widersacher selbst ihm das Angekommen-sein zuspricht.[7] Darin liegt für uns ein großes Hindernis: wir vermögen selbst *im In-eins gemäß dem Willen des Schöpfers* nicht zu wirken.

Anmerkungen

Anm. a: Wer sich verhält wie hier beschrieben, ist ein wahrer Seelsorger. Ein Um-sich-selbst darf hier keinesfalls Ansprüche stellen, denn nur dieses Frei-sein lässt im betroffenen Menschen dessen seelische Kräfte erwecken und die Kehre erwirken.

37 Schuld: anzüglich deutende Demut der bewahrten Liebe, die für-wahr genötigt sind, zu verblühen durch unser not-trächtig sühnendes Augenmerk

„Jede Pflanze, die nicht mein himmlischer Vater gepflanzt, wird ausgejätet“.[1] Ohne Klarheit darüber zu haben, dass jeder Mensch biformer Herkunft ist, bleibt die Aussage Jesu abstrus: *der Ur-sprung* gibt dem Allsamt das Leben, *sein Widersprung* lauert, um das Allsamt an sich zu reißen. Ohne das Sich-einende als auch das Sich-spaltende klar im Blick zu haben, wie könnten wir jemals beglaubigt wirken! Dadurch, dass Natan – der Prophet – David die Schuld vor Augen stellte, erkannte er seine Missetat: „Denn ich bin in Schuld geboren; in Sünde hat mich meine Mutter empfangen“.[2]

Wenn wir von Schuld reden, dann muss es auch etwas geben, das sie bloßlegt. *Allerdings vermögen wir das nicht zu fassen.* Hiermit berühren wir bereits den Kern dessen, was in uns das Schuld-bewusstsein erweckt. Jedoch, auch die Ignoranz lauert in uns aufgrund unseres freien Willens. Deshalb verbleiben wir durchaus im irdischen Ermessen für Recht und Unrecht. Wir bahnen, unser Mit- und Zu-einander klärend zu ordnen: der Mensch ist geneigt, hiermit die Befugnisse und ihr Entgleisen festzulegen. Setzen wir dagegen unser Vertrauen in das Darüber-hinaus, dann erschließt sich uns *das wahre So-sein in unserem anstehenden Wirken*. Von uns ist dies durchweg weder fass- noch manipulierbar, denn es fließt uns aus dem Quell des Lebens zu. Solch ein So-sein scheint für uns abwegig, zumal wir das Selbst-sein nicht gänzlich durchschauen. Trotz allem lässt sich unter der Bedingung das Vergehen lichten, indem wir das wahre Gesicht unseres Daneben-tretens bejahen und so der Reue gewahr werden. Erst dadurch vermögen wir den Vers von David nachzuvollziehen: „Der Herr erlöst seine Knechte; straflos bleibt, wer zu ihm sich flüchtet“.[3]

Unser Entgleisen setzt sich selbst und ist verwoben mit dem in uns grund-gelegten Lebens-Impuls – dem vom Vater im Himmel erlangten Sein –, der uns Anteil an Seiner Gegenwart im All-sein gibt. Das gestörte Vertraut-sein mit Ihm lässt die Schuld in uns entkeimen. Wie können wir dem Entkeimen entkommen? *Das Selbst-sein zu durchschauen*! Je tiefer der Mensch eintaucht in das von Ihm Vermachte, desto klarer sieht er auch das Ergebnis seines Strauchelns. Diesbezüglich legt David seine Taten in aller Klarheit auf den Tisch und bekennt: „Gott, du kennst meine Torheit, meine Verfehlungen sind dir nicht verborgen“.[4] Nur indem wir uns willig und wissentlich an den Geschöpfen nicht vergreifen, kann *das Mein im Uns-geheißenen* letztlich wieder *zu dem Seinen* werden. „Der Weg des Unehrlichen ist gewunden, aber das Tun des Lauteren ist gerade“.[5] Das von Ihm uns angeeignete Sein-sollen will und kann nur durch *das In-eins mit Ihm* unseren Hunger und Durst löschen.[6] Erst dann sind wir In-eins mit dem Allsamt und berühren damit das zuvor von uns Nicht-bewältigbare: das Selbstlos-sein – wahre Demut –, in dem die Liebe uns ihr mysteriös-verhülltes Geborgen-sein enthüllt.

Das harrend vergebende Anteil-nehmen, welches die Not wendet, wird aus wahrer Demut und Liebe in uns entbunden. Wollen wir von unserer Schuld frei werden, so vermag ihr niemand im Selbst-sein zu entweichen. Also gilt es, in jeder Hinsicht niemanden zu richten, denn: „Mit welchem Maß ihr messt, wird euch gemessen werden“.[7] Weil die Schuld immer das Umfeld – bis hinein in den Kosmos – trifft, können wir dem Anteil-nehmen des diesbezüglichen Sich-ereignens nicht entfliehen. Letzten Endes heißt dies, dem Eigen-Willen und der in uns verhaust wirkenden Vernunft nicht mehr zu willfahren. Wie könnte sonst wahre Anteilnahme reifen und sich einstellen? Durchdrungen von dem uns ermahnend willentlichen Opfer stellt sich in uns Frieden und wahre Freude ein, woraus die klare Sicht für das, was zu tun ansteht, entspringt: niemand vermag uns sie zu entreißen.[8]

Um das Schuld-benannte schlechthin zu entschleiern, kommen wir nicht umhin, der hierfür angeborenen Befähigung im Handlungs-Akt uns bewusst zu werden. Wir als Lebewesen sind bei unserer Geburt mit einem *Keimling* gerüstet, der reifend im innerweltlich zu erfüllenden Wirken uns begleitet. Seine in uns *keimende Besamung* gründet beflissen in ihrem Geneigt-sein, das In-eins mit ihrem Ursprung nicht zu verleugnen. Indem wir des in uns widerstreitend eingepflanzten Tat-willens durch den *Keimling* kundig werden, enthüllt sich die belegte Schuld in zweifacher Hinsicht. Keimend strahlt sich das Leben in uns aus, das wir durch unseren missachteten Tat-willen veruntreuen. Durch das pseudo Gepaart-sein ist *unser Sein-sollen* rastlos in uns beansprucht, um eingelöst zu werden.

Wenn wir hier von einem Pseudo-gepaart-sein reden, so handelt es sich um den ungleich in uns vorfindlich gegebenen Zwiespalt, der von uns nur weisend enthüllt werden kann. Für unsere äußeren Sinne sind die wahrnehmbaren Substanzen insofern zugänglich, als sie der oberflächlich-hagere Teil unseres Erfahrens sind. Erschließen sich für uns die inneren Sinne, dann befinden wir uns zwischen der Materie und dem Sie-überschreitenden; eher ist selten, dass sich die inneren Sinne uns wahrlich erschließen und tatkräftig wirksam werden, denn dies bedarf eines massiven Abbaus der in uns einlagernden Kontamination, deren Verursachung durch *den Missgriff am unser Leben-erhaltenden* zu finden ist.

Wollen wir sowohl vom Göttlichen als auch dem Wider-göttlichen reden, mit anderen Worten vom Seelischen und dem Wider-seelischen, dann müssen wir ehrlicher Weise gestehen, dass all dies – von uns begrifflich berührt – nur hinweisenden Sinn haben kann. Nämlich, das Allerletzte von ihnen – sei es der allgültige Lebens-Impuls, seien es die ihm widerstreitenden Kräfte – ist nicht zu fassen. Trotz allem fordert unser unheilvolles Ausgesetzt-sein von allen und von jedem *Sein-entschieden*: Leben oder Tod, denn ein unentschlossenes Weder-Noch betrügt uns auf raffinierte Weise. „Die Gelüste gleichen den Schösslingen, die rings um den Baum wachsen. Sie schwächen seine Kraft und vermindern seine Fruchtbarkeit“.[9]

Überzeitlich gerüstet kommen wir in die Welt. Unser genealogisches Verfasst-sein bindet uns primär im Zeitlichen. Dazu kommen die uns umgebenden Kräfte der Unterwelt mit dem Ihrigen, dessen zeitlich-überzeitliches Zugreifen uns zu fesseln trachtet. So vollzieht sich unser Tun und Lassen vom überreichen Frei-sein zum Erzwungenen durch die Lebens-Zeit. *Dem ternär von uns zu lichten anstehenden Un-eins zu entkommen* ist ein verlockendes Wunschbild, dem leider viele erliegen; indem wir uns täuschen lassen, entfällt sogar uns das Zu-gewinnende. Ist es doch nicht so, dass wir unserer Herkunft im Tun und Lassen uns verfügen: „Wenn der Mensch tut, soviel er vermag, so wird nicht mehr von ihm gefordert; denn Gott vollbringt das Unvollbrachte“.[10]

Das Innerlich-seelische, welches uns das Überzeitliche erschließt, ist benannt *die Identität der Kern-*$_F$. Das Bewusstsein, das unser genealogisch Verfasstes erkundet, nennen wir *die Differenz der Kern-*$_F$. Was *die Unterwelt* mit ihren Ambitionen betrifft, so ordnet sie sich lügenhaft dem Differenz- und dem Identisch-sein bei, wie sie jeweilig nachgeäfft zu finden ist. Sie gleicht sich sowohl der Differenz als auch der Identität an, was absolut nach dem erschlichenen Motto inbegriffen ist; dies heißt, was an sich gut und wahr ist, kann uns auch täuschenderweise in ihre Hände fallen: „Ich gebe mich dir und nehme dich dir und vereine dich mit mir“.[11, a] Die Kräfte der Unterwelt, indem sie sich uns geben, bringen es fertig, uns gewiss zu blenden; dies ist ihr erster Schritt, unsere *Identität der Kern-*$_F$ – durch die Genealogie schon *gekniffen* – in deren Wirken noch mehr zu schwächen. Infolgedessen geht es darum, uns tiefer bindend zu bezwingen. Gelungen ist ihnen das Schnüren mit uns, da wir uns selbst opfernd den Kräften der Unterwelt ausgesetzt haben. Uns geht es scheinbar hierbei weitgehend um das Irdische, die Unterwelt dagegen zielt letztlich darauf hin, das Überirdische im Unterirdischen zu walten. Darin zeigt sich, wie sehr wir unserer Erkenntnisvermögen beraubt sind, ja unfähig werden, ihnen noch zu entkommen.

Das von uns artig gewählte Betasten soll klären, wie sich ein jeweiliges Bewusst-werden gängig ereignet. Die Klarsicht, welchen Anspruch die jeweils von uns gepflegte Gewissheit in sich trägt, ist dringend ersucht. Ist er rechtmäßig, oder aber in welcher Hinsicht ist er eminent schaden-stiftend wirksam. Jesus will diesbezüglich uns die Augen öffnen: „Ihr habt gehört, dass gesagt ward den Alten: Morde nicht! Wer mordet – verfallen ist er dem Gericht. Ich aber sage euch: Wer seinem Bruder zürnt – verfallen ist er dem Gericht".[12, b] Mit *Gericht* ist hier zwar unser innerweltlich Sich-ereignendes angesprochen, aber im Ergebnis geht Jesus weit darüber hinaus, ja so weit, dass dessen Folge das All-sein berührt bis in den Himmel. Wer das Eins-sein ins Blickfeld nimmt, kann – wenn es um die Wahrheit geht – dabei nicht stehen bleiben. Jedoch, strukturell auf der innerweltlichen Ebene sich zu etablieren, bürgt nur für einen Teil des Ganzen.

Rücksichtslos bleibt der Ursprung der Liebe zur Seite geschoben und gerade dadurch negieren wir – ohne uns dessen bewusst zu sein – uns selbst. Es ist wirklich Zeit, klarzumachen, wie sehr wir durch unser ich-gesteuertes Selbst-sein-wollen das Leben in seinem eigentlichen Sinn missdeuten und massiv daneben greifen. Das Vergreifen am Leben trifft nicht nur uns selbst, sondern der ganze Mikro- und Makro-Kosmos hat unausweichlich daran teil. Das subversive Gebaren umschlingt uns, welches ansteht, sich aufs Äußerste zu steigern, und doch ist unser Leben in seinem eigentlichen Sinn von der Selbsthingabe – der Liebe – nicht zu trennen. Wer dies nicht wahrhaben will, ist und bleibt auf der Seite der Lüge: wie könnte uns die im *Leben-Selbst* gründende Wahrheit je berühren?

Immer wenn Jesus den Grund-pfeiler der Liebe – das Fundament allen Lebens – offen legt, unterscheidet Er sie vom

Einwurzeln unseres üblichen Wahrnehmens. Wir verstehen das Zielgerichtet-sein der Liebe weitgehend erdgebunden. Jesus will unser Erd-gebunden-sein der Liebe keinesfalls umgehen, sondern uns ihr Zielgerichtet-sein auf den Schöpfer und dadurch auch für die Geschöpfe bahnen.[c] Hier berühren wir einen Gordischen Knoten: Liebe kann rein weltlich verstanden praktiziert werden, religiös praktiziert vermag sie wohl etwas tiefer zu greifen. Vielfach jedoch ist und bleibt sie – weitgehend unbewusst – nicht davon frei, sich interessengesteuert zu geben. Solch ein Gebaren als ein hinterhältiges Verhalten zu deuten, trifft keinesfalls die eigentlich zu lichtende Komplexität der Problematik, da die handelnde Person sich dessen kaum bewusst sein kann. Was wir mit Liebe meinen, bleibt zwangsläufig mehr oder weniger im Irdischen gebunden. Wie Jesus im Vater und der Vater in Ihm ist, können wir in unserer Zeitlichkeit kaum nachvollziehen; ein teilweises Kundig-werden kommt ausnahmsweise nur wenigen zu, nämlich dafür müssen die inneren Sinne erwacht sein. Allerdings, den Urgrund des Himmlischen, worin die wahre Liebe sich zeigt, vermag niemand von sich aus zu erfassen.[d]

Und doch ist es in uns grundgelegt, im irdischen Sein die wahre Liebe reifen zu lassen. Dies kann geschehen, indem unser Wille und die Vernunft von allem, was dem in ihnen Grundgelegten widerspricht, vollkommen gereinigt sind. Könnte sich unsere Neigung im beliebenden Begehren mit der selbst-gebenden Klarsicht im einsehenden Besinnen der in uns gründenden Identität der Kern-$_F$ aussetzen, dann wäre dies unser Teil, um vom gewirkten Unheil im Garten Eden befreit zu werden. Denn: „die ungeordneten Gerüste berauben die Seele des Geistes Gottes und fügen ihr auf fünffache Weise Schaden zu: sie ermüden, quälen, verfinstern, beflecken und schwächen die Seele“.[13] Jesus hat es vollbracht, gemäß dem Willen des Vaters unsere Not zu wenden: aus Liebe hat er das von uns Nicht-einlösbare vorweg-genommen. Um dessen berührt zu werden, müssen wir unser Kreuz tragen, indem wir in ehrwürdigem Vertrauen das Vermächtnis Jesu durchhalten. In Wirklichkeit lehnen wir doch das Kreuz ab, was daraus folgt: „Wer also auf unwürdige Weise das Brot isst und den Becher des Herrn trinkt, verschuldet sich am Leib und am Blut des Herrn. … Denn der da isst und trinkt, isst und trinkt sich Gericht, wenn er den Leib nicht unterscheidet. … Wenn wir aber mit uns selbst ins Gericht gingen, würden wir nicht gerichtet. Werden wir aber vom Herrn gerichtet, so werden wir gezüchtigt, damit wir nicht zusammen mit der Welt verurteilt werden“.[14] Wenn wir mit Ihm In-eins werden sollen, liegt es daran, *uns in Seinem Vollbringen zu geben.*

Alles – sei es das Zeitliche oder das Überzeitliche – gründet in der Liebe. In-eins mit ihr zu werden, fordert von uns das Widersagen all dessen, was ihren Quell-Grund sträubt: „Wenn meine Weisungen ihr wahrt, dann bleibt ihr in meiner Liebe – wie ich meines Vaters Weisung gewahrt, und in seiner Liebe bleibe“.[15] Deren Ermangeln ist nämlich Schuld, sie bleibt zu nehmen, ohne sich zu geben: „Ja, so geliebt hat Gott die Welt, dass er den einzigen Sohn gegeben hat, damit jeder, der an ihn glaubt, nicht zugrunde gehe, sondern unendliches Leben habe“.[16] Wird es gedeihlich für uns einsichtig, weshalb das Innerweltliche-lieben uns fesselt und uns damit betrügt, dann achten wir auf dessen anmahnendes Erhellen und machen uns von der Düsternis frei. Jedoch, in Wirklichkeit will die Welt ihr eigenes – sich selbst gegebenes – Gesicht bewahren: „Das aber ist das Gericht: Das Licht ist in die Welt gekommen; doch liebten die Menschen die Finsternis mehr als das Licht. Denn böse waren ihre Werke“.[17]

Mit der Mensch-werdung Jesu will sich unser Leben lichten: alles, was er für uns gibt, fordert von uns die Zurückgabe. Deshalb kam er, um uns aus dem Schlamm zu ziehen, denn schon zwiespältig werden wir geboren. Das Hinein-in-die-Welt ist nicht frei vom Widerstreiten dessen, was unserm Lebens-Grund entspreche. Ihm abgeneigt zu sein ist uns in gedeihlicher Weise näher, da die Welt ihren eigenen Seinsanspruch enthüllt und wir damit Frieden stiften. Dies kann sich für uns im innerweltlichen Ausüben derart entfalten, dass eben dadurch das Belegte von Liebe blockiert ist und uns ein Darüber-hinaus kaum in den Blick kommen kann. Aus diesem Grund legt Jesus unser Selbst-sein-wollen offen, womit wir Mühe haben: „Wer sein Leben lieb hat, der wird es zugrunde richten; doch wer sein Leben hasst in dieser Welt, der wird es zu unendlichem Leben bewahren".[18] Wie könnten wir Sein Wort annehmen, *solange wir uns in uns selbst nicht wirklich geschaut haben*!

Wie wir sehen, *das eigennützig Seinhafte-gebaren* ist spärlich zu stillen: zu tief ist dessen Wurzel in uns gefasst. Werden wir sukzessiv einsichtig und greifen nach dem Sein-sollen, so beginnt das Ringen *im Selbst-gericht*: Leben oder Tod. Jedoch, wie können wir das Leben gewinnen, obwohl die Gegen-Kräfte, die unser Leben zu ergreifen trachten, uns weit überlegen sind? Erfassen wir klar, was für unsere Wende ansteht: die Allmacht des Himmels allein überbietet die ihr widerstreitenden Kräfte. Dennoch sind wir stets versucht, bei uns selbst zu verbleiben nach dem Motto: all das von mir Erreichte muss bleiben, denn wer oder was könnte mich in dieser Welt sonst befrieden. Gestempelt mit Defiziten erhaschen wir die jederzeit sich anbietenden Objekte. Es ist all das – und es ist mehr als wir uns vorstellen –, was sich gegen das in uns Zu-wählende stellt. Diese *Vielfalt von energiden Kräften* will absolut – durch ihr Beharren – unser Untertan-sein erzwingen, da ihnen sonst ihr bisheriges Wirken zerrinnt. Die Frage ist und bleibt die Entscheidung – erhellte Klarheit oder Lichtlosigkeit –; wie könnte auch sonst unser innerweltliches Leben sich freigeben. In vielen Fällen ist gerade das Sich-freigeben, das Jesus von uns fordert, unmöglich einzulösen, da wir durchaus nicht das innerweltlich gängige Verständnis von Liebe aufgeben, ja, dafür keinen Blick haben. Und doch wartet Jesus längst, allseitig uns dem Not-wendenden nicht zu entsagen.

Das Eins-werden und dessen Irrtum: das Ternäre – Überzeitliches, Genealogisches und unergründlich Negatives – bestimmt weitgehend, durch ein dreifaches Einfluss-nehmen unser Leben zu tangieren. Hiermit begibt sich das ternär verursachende Wirken, dessen Folge wir verschieden hinsichtlich des innerweltlichen Eins-werdens erstreben. Unser missverständliches Sicher-sein lässt sich nur unerquicklich infrage stellen, denn das dreifache Einfluss-nehmen ändert ständig sein Gesicht. *Die uns blendende Versuchung des Eins-werdens* legt die Problematik unseres Bewusstseins offen:

a) dem rein körperlich Gesuchten kommt ein Darüberhinaus nicht in Sicht, denn das so praktizierte In-eins hat in allem keinen Vorrang;
b) das sinnlich gesteuerte *Schein-in-eins* lässt sich sicher fühlen, weil das rein Körperliche damit überschritten zu sein scheint: es birgt vielfach eine Art von Gewissheit in sich und verabsolutiert das sinnliche Wahrnehmen;
c) das Bewusstsein ist ein von uns weitgehend übersehener Knoten, dessen Wirk-weite sich als primäre Stufe *seines In-eins* bestimmt und regiert, ja sogar verherrlicht;
d) *sein überirdisches In-eins*, das man sich selbst zurecht legt, im Blick zu haben, ist um des Irdischen willen nicht frei vom Sinnlichen;
e) im Sättigen des Herrschafts-triebes geht es um das Über-den-anderen zu stehen und alles zu bestimmen, indem sich das Selbst-sein als ein von uns erreichtes *In-eins* vollgültig betrachtet;
f) *sein In-eins* kann sich auch im täglichen *Schein-wirken* einbürgern und lässt sich die zu lastenden Hürden auf Kosten des Mit-menschen tragen, was seiner Zeit angemessen und als dienend zu betrachten sei;
g) jedoch, durch den Schlüssel des Lebens wird das authentische In-eins für uns erschlossen: nur durch die in uns grundgelegte Identität der Kern-$_{F}$. Von ihren Seelen-Kräften aus lässt sich alles ordnen, bestimmen und ernähren, so dass das ursprüngliche Sein wirken kann, um uns alle leben-stiftenden Tore zu öffnen.

Das In-eins an sich wird von uns Menschen überall von a) bis f) gesucht, täuschend beschmutzt und letztlich vielleicht soweit übersehen, dass es sein Vermögen des In-eins einbüßt. Alles, was ist, hat seinen Ursprung im In-eins-sein. Es gibt in der Welt nichts, das nicht daraus käme. Jedoch, weil dem Menschen und Höherem die Freiheit gegeben ist, konnte Luzifer herausfallen. Die Konsequenz daraus ist, dass wir als Mensch mit einbezogen sind.

Die Liebe ist der Quell des Lebens von allem Sein. Im Sein – im Göttlichen vorab – hat das Geschehen-können seine Ursache in der Liebe. Weil die Liebe das All-samt hält und erhält, soll und will alles aus ihr fließen: es gilt für uns, daraus zu leben, ja zu handeln. Dafür bedarf unser Sein des Sich-bekehrens, um für unser Leben zu danken. Was nicht aus dem Lebens-Quell fließt, schlägt um in die Eigen-Liebe, ja, sie ist weniger als nichts. „Sobald vielmehr dieses Lebewesen Mensch ins Dasein trat, wurde uns wie ein Keim die Kraft eingepflanzt, die von Hause aus die Fähigkeit und Geneigtheit zu lieben erhält … Wenn wir diese unsere Fähigkeit richtig und in geneigter Weise nutzen, führen wir ein durch Tugend ausgezeichnetes Leben; wenn wir aber unsere Gaben verkehrt gebrauchen, verfallen wir dem Bösen“.[19]

Ein Nachtrag zum Thema Schuld

Wie kann Jesus für uns heute noch sagen: „Ich schaute, wie gleich einem Blitz der Satanas aus dem Himmel stürzte“.[20] Denn weitgehend können wir damit wenig oder sogar nichts anfangen. Wo liegen dafür die Gründe? Wir gehen unberührt daran vorbei, und zwar so, als wäre dies nur etwas für diejenigen, die der Zeitgeist noch nicht gezähmt hat. Folglich ist dies nur eine Frage der Zeit, die sich in Bälde sukzessiv klären wird. Die tägliche Zunahme an sogenanntem Wissen und das anstehende Meistern der Verfüg- und Machbarkeit haben wir zwar in verschiedener Hinsicht noch nicht voll im Griff, aber gewiss wird es sich im nahen Futurum allumfassend weiterhin klären. All die steuernde Dynamik, deren Wirk-kraft und Intelligenz von uns nicht zu fassen ist, blendet derart, dass wir fraglos für Ein-dabeisein uns entscheiden. In allem erfahren wir eine zuvor nicht gekannte Faszination, die uns anonym überwältigt. Das immerzu neu Sich-ermöglichende nimmt uns derart in Besitz, dass wir all die daraus entstehenden Konsequenzen blindlings übersehen.

Solange wir dem Gewiss-sein, das über das Irdische nicht hinausreicht, in allem vertrauen, wie sollte es uns gelingen, *der Weisung des Zeitgeistes* nicht zu verfallen. Die Ursache des bewirkenden So-seins in unserem Leben liegt letztlich bei uns selbst. Es ist *der sich selbst erwählte Wille und die veruntreute Vernunft*, die sich dem aktuellen Bewirken anpassen. Wer das irdisch In-der-welt-sein überschreiten will, der muss sich von allem selbst-haftenden Sein-wollen verabschieden. Ferner bedarf dies einer klar entschiedenen Läuterung, die sich erst einlöst, wenn die uns täuschende Vernunft bis in ihre Wurzel getroffen ist und gesundet. Erst hier vermögen wir den unlauteren Zeitgeist tief zu durchschauen. Allfällig ist es an der Zeit zu erwachen und zu sehen, von welchem Ausmaß unermessliche Kräfte dem weltlichen Befallen-sein zugrunde liegen. Sie überschreiten weit unsere Vermögen, um die uns umgebenden Einflüsse zu bewältigen.

Wenn wir vom umlauernden Zeitgeist – dessen Verherrlichen – befreit werden wollen, dann muss das überzeitlich uns Vermachte gebührlich zur Geltung kommen: dafür ist *ein gepaartes Ins-Werk-setzen* notwendig. Zu meinen, wir könnten dies aus uns selbst bewältigen, ist schlicht gesagt eine Illusion. Ein derartiger Fehlschluss vom Leben an sich kann in uns deshalb keimen, weil wir dessen nicht nur nicht bewusst sind, sondern vielmehr wir uns in versteckt gezwungener Weise damit identifizieren. Darüber, wie tief das Blendwerk uns trifft, vermögen wir keineswegs Klarheit zu haben. Das von uns zu Erfüllende erweist sich, indem die Identität der Kern-$_{F}$ zum Tragen kommt: dies betreffs ihres Wirkens im Denken, Reden und Tun. Jedoch, wäre dies für uns schon das

All-bewirkte, dann könnten wir die himmlischen Kräfte ablegen. Dadurch könnte allem Sein das Sein-an-sich genommen werden, ja, wir sprechen uns – ohne uns dessen je bewusst zu werden – das Leben ab, was enorm absurd ist. Diese Absurdität zeigt, dass es so weder bleiben kann noch darf; leider ist dies ein ganzes Bündel vom erträumt Vorgestellten, was das Leben-an-sich sei und was nicht: unser Wahn endet im Selbst-betrug und isoliert sich.

Wenn wir möglichst das von uns Zu-wirkende tun, dann ist es durch das von Geburt an gerüstete Teilhaftig-sein am Lebens-impuls gesteuert. Eben unser Gerüstet-sein muss seinerseits in das In-eins mit dem *Leben-Selbst* sich einfinden.[21] Wie könnten wir sonst den im Hinterhalt wirkenden Einflüssen entkommen, denn das uns Belagernde ringt bis zum letzten Atemzug, uns unter seine Herrschaft zu zwingen. Zu glauben, wir könnten von uns aus all *dem Unwesen* entkommen, ist eine Vorspiegelung falscher Tatsachen.

Wie ist es überhaupt möglich, dass wir ausschließlich im Weltlichen verbleiben, unsere Perspektive das Irdische nicht übersteigt und wir voll davon überzeugt sein können, dass wir damit wesentlich dem Leben entsprechend zugreifen. Deshalb wird das in uns grundgelegte Überirdisch-sein – das eigentlich in uns gestiftete Leben – beinahe in jeder Hinsicht abgegriffen, um das ich-gesteuerte Wirken zu ernähren. Dafür nimmt es das dem uns Leben-lassenden und unterwirft es unserem zwanghaften Gebaren. Indem wir das, was uns zum Leben führen sollte und wollte, nun missbrauchen, unterjochen wir uns dem Tod. Jegliches Unheil, das ein Mensch sich selbst stiftet, hat immer sein veranlassen *im Selbst-sein-müssen*: „Der Habsüchtige ist nicht zufrieden mit dem, was er hat, die Begehrlichkeit trocknet die Seele aus".[22]

Ein in allem nur Sich-selbst-sein scheidet uns vom Leben. Die Frage ist und bleibt, wohin führt durchweg solch eine Spur? Um anlässlich dieses Gebarens nicht in den Tod zu münden, lasst uns Jesus willfahren: „Alle Sünde und Lästerung wird den

Menschen nachgelassen, die Lästerung des Geistes aber wird nicht nachgelassen... Nicht nachgelassen wird ihm, weder in dieser Weltzeit noch in der Künftigen".[23] Wie umfassend das von Jesus offengelegte Anliegen ist, zeigt sich mit Nachdruck auch bei Tauler: „Seht euch vor: wenn ihr in die andere Welt kommt, ohne dem Feind widerstanden zu haben, werdet ihr in seine Hände fallen; und er wird euch gar schlimm dafür belohnen, dass ihr ihm gefolgt seid; und von dort gibt es keine Widerkehr".[24] Wie sehr unser Leben auf dem Spiel steht, zeigt Jesus in einem anderen – sehr tiefgründigen – Gleichnis: „Gut ist also das Salz. Wenn aber das Salz seinen Geschmack verliert, womit sollte gewürzt werden? Weder für die Erde noch für den Misthaufen ist es tauglich – man wirft es hinaus. Wer Ohren hat, die hörend sind, höre".[25] Er will uns wachrütteln, um uns vom Quell-Grund des Lebens wahrlich zu ernähren. Wollen wir Seinen Ruf beantworten, so müssen wir diesbezüglich notwendig harren und dürfen Ihm nicht im Geringsten ausweichen: „Herr, vertreibe die nächtliche Finsternis unseres Geistes und lass es in ihm Tag werden durch das Licht deiner Weisheit. Erleuchte unseren Geist, damit er dir diene in neuer Reinheit. ... Gib uns die Gnade, dass wir unseren eigenen Willen kreuzigen, damit das geistliche Leben in uns geboren wird".[26]

Anmerkungen

Anm. a: Wie Jesus zu uns Menschen kommt, legt Seuse offen. Dies ist ebenfalls klärend für das, wie die Unterwelt uns auf ihre Seite zu bringen trachtet. Wird nicht gerade dadurch viel Unheil in der Welt gewirkt, indem das Sündhafte – das Lügen-bezogene – mit dem Göttlichen vertauscht wird. Um endlich auch in dieser Hinsicht hinter den Vorhang zu schauen, kann Seuse für uns eine große Hilfe sein.

Anm. b: Wenn Jesus von Rechenschaft, Gericht und Richten spricht, dann darf dies niemals vermischt werden mit dem diesbezüglich innerweltlich Zu-belegenden. Innerweltlich geht es hierbei um das Fassen des Greif- und Begreifbaren: es ist die Differenz der Kern-$_F$, sie kann niemals das Überirdische – es beschreitend – fassen. Deshalb ist die Differenz unbedingt zu unterscheiden in ihrem sogenannten Wahr-haben von der Identität der

Kern-$_{F}$. Zwar sind uns zwei Seins-weisen mit je ihrer spezifischen Funktion in uns gegeben, aber *das Differenz-berührt-sein* ist dominierend. Denn das Zeitliche drängt sich in unserem vielfachen Erfahren weitgehend hinein, womit wir das Überzeitliche – mehr als wir ahnen – ebenso beantworten. Solch ein vielfach abwegiges Auslegen missdeutet vor allem die von Jesus vermittelte Botschaft. Anhand Seiner Gleichnisse ist Er immerzu bemüht, uns aus dem seichten Wahr-nehmen des Überzeitlichen herauszuführen; allerdings fordert dies von uns, was wirklich Seine Bildsprache vermitteln will. Hier geht es vor allem darum, zu klären, dass diesbezüglich unser Differenz-wahrnehmen in die Irre führt, während uns letztlich nur die Identität die Weisung Jesu erschließt. Von Ihm ist dies beispielhaft dargelegt: das auf den Fels gebaute Haus und im Gegensatz hierzu das auf den Sand gebaute Haus.

Anm. c: „Brüder, vor der Sünde der Menschen schreckt nicht zurück! Liebt den Menschen auch in seiner Sünde, denn das ist das Ebenbild der Liebe Gottes, das Höchste der Liebe. Liebt die ganze Schöpfung Gottes, das ganze All, wie jedes Sandkörnchen. Liebt jedes Blättchen und jeden Strahl Gottes. Liebt die Tiere, liebt jedes Gewächs und jedes Ding. Wenn Du jedes Ding liebst, dann wird sich dir in den Dingen das Geheimnis Gottes offenbaren. Ist es dir offenbar geworden, so wirst du jeden Tag mehr und mehr die Wahrheit erkennen. Und schließlich wirst du die ganze Welt in allumfassender Liebe umspannen".

Anm. d: „Gott, unser Herr, ist – wie Moses spricht – ein verzehrendes Feuer, nämlich ein Feuer der Liebe, das mit unbegrenzter Macht die Seele, die ist berührt, auf eine über jede Vorstellung gehende, erhabene Weise verzehren und in sich umgestalten kann".

38 Dankbarkeit: unser williges Geneigt-sein weilt, dem Allvater nicht zu entweichen

„Seht darauf, dass keiner Übles mit Üblem heimzahle; jagt allezeit dem Guten nach – für einander und für alle.

Freut euch allezeit.
Betet ohne Unterlass.
In allem sagt Dank.
Denn das will Gott von euch
– in Eins mit dem Messias Jesus“.[1]

Wir haben das Zu-eigen uns selbst nicht zugeeignet. Allem voran ist das schöpferische Werden im uns Geprägten – dessen einzigartiges Verfasst-sein – grundgelegt. Durch den Sünden-fall ist sein folgewidriges Geartet-sein weithin in uns mitbestimmend. Im Mutterleib werdend ist es die Genealogie, durch die wir an deren jeweiligem Zuvor ohne Auswahl teilhaben.[2] Das Geborene wird erweckt und sukzessiv sozialisiert, worin uns das In-der-welt-sein sich aneignet.[a] Wie sollte und könnte hier ein Zurecht-finden sich einstellen, indem uns *solch ein wechselhaftes Für-und-gegen der Kräfte* in Geltung steht! Denn der Lebens-Quell – dessen In-eins-erwirkendes – ist doch durch unser zwiespältig Sich-selbst-vermachtes nicht mehr unbelastet. Das ruhelose Treiben lauert, uns in allem auf die ihrige Seite zu erzwingen!

Im Setzen der Handlungs-Akte – selbst und divergent bewirkt – vollzieht sich unser Eigen-sein, das sich aus dem Ermessen des Müssens, Sollens und Wollens erbringt. Das in uns grundgelegt Identische – dessen In-eins-sein – kann anliegend mit dem in uns Uneigentlichen verwoben wirksam, ja geblendet und irritiert sein. Deshalb vollzieht sich unser In-der-welt-sein vielfach instabil, wie es sich in unserem schweifenden Tun zeigt. Jedoch, die kurierte Intention des Wollens und sein Bewirken legt David bivalent offen:

„Jahwe sei gepriesen, er hat die Stimme meines Flehens gehört; Jahwe, meine Stärke, mein Schild. Mein Herz vertraute auf ihn, und es war mir geholfen; aufgeblüht ist mein Leib, von Herzen will ich ihm danken“.[3]

Wer dem Ruf des achtenden Sich-gebens neigt, erfährt zwar das So-sein in seiner Komplexität, aber dessen Wahr-nehmen ist für ihn immer nur Stückwerk. Das All-samt jedoch – dem wir verschrieben sind – will uns sein Teilhaftig-sein im Sich-prägen bekunden. Da wir das, was wir den Lebens-Quell nennen, nicht zu fassen vermögen, birgt *das Atmend-schöpfende* allen Seins unser Sich-lichten. Diese Art des Atmens ist nicht nur als das sinnliche Dartun für uns gegeben, sondern teilhaftig im Darüber-hinaus geziemend: „Ich preise dich, dass ich geschaffen so wunderbar, dass wunderbar all deine Werke“.[4] Vom Sinnlichen zum Über-sinnlichen ist folglich für uns die Weg-spur markiert; leider ist sie, durch die das Unfassbare für uns fassbar werden soll, vielfach verkannt, daher: „Es enthüllt sich Gottes Zorn vom Himmel her wider alle Gottlosigkeit und Ungerechtheit der Menschen, welche die Wahrheit ungerecht niederhalten, … Darum sind sie unentschuldbar, da sie ja – obschon sie Gott erkannten – ihn nicht als Gott verherrlichten oder ihm dankten, sondern ins Nichtige gerieten mit ihren Gedanken. Und verfinstert ward ihr uneinsichtig Herz“.[5]

In unseren Tagen greift das selbst-vermögend Sich-ergründende steigernd um sich. Dies belegt das innerweltliche Mensch-sein, wodurch sich die überzeitliche Pforte *dem Zeitgeist-vermachten* schließt: „Wahrhaft, Jahwe ist erhaben, auf die Niedrigen schaut er voll Huld, schon von ferne erkennt er die Stolzen“.[6] Wie soll man sich vom zwanghaften Genötigt-sein frei halten, da die Umstände für ein zu erachtendes Wirken fehlen, ja genommen sind. Doch, nicht allein gelassen wie wir sind, denn *das Leben-tragende ist unvergänglich*: „Jahwe behütet, die unmündig sind; elend war ich, und er brachte mir Heil…. Er hat meine Seele befreit vom Tode, meine Augen von Tränen, meine Füße vom Fall“.[7]

Da im Lebens-Quell alles Seiende ehedem beruht, kann es nur darum gehen, uns daraufhin erwirkend anheim zu geben. So will alles im In-eins mit Ihm uns unvermindert zufallen, dass wir das Zu-erwartende gewiss vermögen, es tragend zu wirken: „Sorgt euch nicht. Nein: In allem sollen durch das Gebet und das Flehen unter Danksagung eure Bitten vor Gott sich bekunden. Und der alles Denken übersteigende Friede Gottes wird in Eins mit dem Messias Jesus eure Herzen und eure Gedanken schirmen“.[8] Und doch ist es der Widersacher, dessen Wirkweise wir nicht zu fassen vermögen. Es gibt im Menschen ein inneres Gewiss-sein, aufgrund dessen wir uns weder ansprechen noch infrage stellen lassen. Obwohl wir für das Erfahren unfähig sind, unserem Gegenüber wahrlich zu begegnen, ja das Erstarrt-sein zu rücken, dämmert in uns doch etwas, wofür wir zuvor blind waren.[b] Eben das sind die Kräfte, die danach hungern, uns zu verschlingen. Wohl denen, welchen diesbezüglich die Augen im Vertrauen aufgehen: „Dann rufe zu mir am Tag der Bedrängnis, ich werde dich retten, und du wirst Ehre mir zollen. … Der ehret mich, der weiht das Opfer des Lobes; den Rechtschaffenen lasse ich Gottes Heil schauen“.[9]

Je tiefer wir hineinschauen in das, was das Allsamt leben lässt, desto mehr kann sich auch das von Jesus Vermachte in uns einprägen. Indes, Seiner all-waltenden Gewissheit gemäß zu leben, deckt unser Selbst-sein auf, das *in sinnlicher Weise all dem Zu-enträtselnden huldigt*. Unser all sinnliches Wahrnehmen übersieht das Überirdische, das durch unser Verhalten verloren ging. Doch nur im Überzeitlichen steht das Leben dem Tod abhold gegenüber. Um das uns Abhanden-gekommene zurückzugewinnen, sandte einst der Schöpfer die Propheten: „Preist Jahwe, denn er ist gut; in Ewigkeit währt sein Erbarmen“.[10]

Das Preisen Jahwes ist nur sinnvoll, wenn wir uns im Einklang mit Seiner zeitlos ersehnten Huld leiten lassen. Die Zeitlichkeit Jesu, die dem Willen des Vaters willfahrend bewahrheitete, können wir nie tief genug erfassen, denn im

Zeitlichen ist nicht nur das Überzeitliche eingebunden, nein, das überzeitliche Ewig-sein will uns in Ihm zu eigen werden. Darlegend ist unser Widersprechen der Nachfolge Jesu rein irdisch begründet. Um uns zu rechtfertigen, versuchen wir, die Scheinwelt überirdisch zu erdichten. Was sollen wir tun, um jenem uns blendenden Selbst-betrug zu entkommen! All unser Tun und Lassen müssen wir Ihm wahrlich im Vertrauen übergeben, denn *Er ist der Weg, die Wahrheit und das Leben.*

Im Uns-geben zeigt sich sowohl sein treuloses als auch das wahre Stetig-sein für das Uns-vermachte. Im Zeitlichen überzeitlich zu leben, lässt es sich im wissenden Erfahren in uns selbst klären: ob unser Anliegen des Sich-demütigens sinnlich gelotst oder durch das innere Auge vom Sinnlich-wirkenden befreit und so überschritten ist, oder ob es wahrhaft aus dem Lebens-Impuls kommt. Der Schritt vom Sinnlichen zum Über-sinnlichen ist groß, noch unvorstellbar größer ist der zu überschreitende Spalt, um heimzufinden zu uns selbst und so zu unserem Vater im Himmel.[11] Wie wir sehen, ist die Spalt-überwindung demnach von uns nicht bezwingbar. Auf diese Weise sind wir nun an dem Punkt angelangt, der nur noch von Jesus selbst mit uns überschreitbar ist: „Heran zu mir alle, ihr Mühenden und Überbürdeten: Ich werde euch aufatmen lassen. Mein Joch nehmt auf euch und lernt von mir. Denn: Sanft bin ich und von Herzen niedrig, und ihr werdet Aufatmen finden für euer Leben. Mein Joch ist ja gut, und meine Bürde ist leicht."[12]

Anmerkungen

Anm. a: Bei der Geburt umgibt sich bereits das uns Schaden-stiftende. Unser Reifen greift gängig danach, den in uns gestifteten Lebens-Impuls – mit Verlaub gesagt – zu verdinglichen. Im Verfügen des gegebenen Lebens öffnen wir uns den Kräften, die mit ihrem Aufgebot ringen, um das Unsere als das Ihrige zu deklarieren. Ihr diesbezüglicher Diebstahl ist immer ein Greifen in das All-samt. Hierbei geht es nicht nur darum, sich am uns Vermachten zu nähren, nein, letztlich soll alles unter die Einflüsse des Wider-Reiches fallen. Je mehr die Absicht des Widersachers sein Wollen zeugt, desto entfachter wird das ursächlich uns vermachte Leben entkräftet, ja letztlich soll es uns genommen werden. Und doch kann uns ein wandelndes Läutern die Augen öffnen: „Loben sollen dich Jahwe, all deine Werke, deine Getreuen sollen dich preisen“.[13]

Anm. b: Wie ist es bezwingbar, im Erwirken unseres innerweltlichen Seins die scheinbare Oberhand zu gewinnen, obwohl der uns vermachte Lebens-Quell Anlass für das Hier-sein ist, *dessen Nicht-übersteigbarkeit* doch sozusagen den Gegen-Kräften einwilligt. Sicher ist das Vermacht-sein des uns Leben-lassenden niemals zu bezwingen, folglich muss das, was diesbezüglich geschieht, von uns selbst bewirkt sein. Gesetzt in Freiheit – wie wir sind – kann solch eine Wahl nur durch unser Selbst-sein-wollen sich entspinnen. Es ist die permanent uns umlauernde Versuchung, dass wir am Anteilhaben des in uns grundgelegt Unendlichen dem Vergreifen verfallen. Alle abseitig uns umschwärmenden Kräfte, ja Mächte ringen, dass das Nicht-ihrige sich *durch unser Ergeben* ihnen erweise, um es zu walten. Wollen wir eindringlich unserem Erliegen auf die Spur kommen, dann gilt es, endlich der eigentlichen Maske des hier vorgetäuscht negativen Lichtens einsichtig zu werden.

39 Ehrfurcht: unser Verwoben-sein mit dem All-samt verpflichtet

Jesus sprach zu den Pharisäern und Schriftgelehrten: „Warum übertretet auch ihr Gottes Weisung um eurer Überlieferung willen? … So habt ihr entmachtet Gottes Wort… Ihr Blender! Treffend hat Jesaja über euch prophetisch geredet, indem er sagt:

Dies Volk ehrt mit den Lippen mich,
doch hält sein Herz sich fern von mir.
Umsonst sie mich verehren:
Denn was an Lehren sie lehren,
sind Menschengebote".[1]

Ehrfurcht zu haben bedingt, seiner eigentlichen Herkunft bewusst zu sein. Außerdem ist das bewahrte Zu-ehren von jeglichem Selbst-sein frei zu halten, ein Weckruf, der nur äußerst schwierig einzulösen ist. Unser Mensch-sein ist mit seiner Pseudo-Wurzel so tief eingesessen, dass es das Über-allem vielfach ich-haft legal beansprucht; um dem Unwahren Platz zu machen, wird das eigentliche Wahr-sein zur Lüge degradiert:. „Wie könnt ihr glauben, die ihr Ehre voneinander annehmt, die Ehre jedoch, die vom alleinigen Gott kommt, nicht sucht?".[2]

Worin hat unser Selbst-entfremden seinen Wurzelstock? In uns sind zwei nicht zu umgehende Welten: *der ursächlich in uns zugrunde-gelegte Anlass allen Seins,* dem Entgegen – *das sich selbst vermacht Entehrte* –, dessen Bewirken schlechthin um die Herrschaft des All-samtes ringt. Im Mensch-sein sind sie mehr als nahe schein-vereinigt: das Wesenhafte ist die Wirkkraft des Lebens und dem sich dicht anliegen ist *die Schlange,* eben sie lauert permanent, die Effizienz unseres Seins zu bezwingen. Jesus aber: „Ich schaute, wie gleich einem Blitz der Satanas aus dem Himmel stürzte. Da! Ich habe euch die Vollmacht gegeben, auf Schlangen und Skorpione zu treten und über alle Kraft des Feindes, und nichts wird euch je schaden".[3] Verlieren wir die Quelle des Lebens aus unserem Blickfeld, dann führt uns dies blindlings in das Reich der Schein-einsicht: „Gebt Jahwe, eurem Gott, die Ehre, bevor es finster wird, bevor eure Füße anstoßen an den Bergen im Dämmerdunkel und ihr auf Licht harret, aber er hat es in tiefe Nacht verwandelt, hat Wolkendunkel daraus gemacht".[4] So verhält es sich bis in unsere Tage, denn unserem selbst-vermachten Wahrnehmen ist – gebunden in Finsternis – der nötige Durchblick entronnen.

Die von uns selbst vermachte Pseudo-Welt beansprucht weitgehend nicht nur das Irdische, sondern auch das Überirdische zu verfügen. Rein sinnlich betrachtet ist und bleibt das Irdische für uns bloß ein Objekt. Dies trifft nicht nur das Greifbare, sondern das Mensch-sein selbst ist davon nicht frei. *Gesteigert ist dann auch das Überirdische eingeholt*, um so für uns alles verfügbar zu erbeuten. Das eigentlich uns Tragende des In-der-Welt-seins ist die übersinnliche Lebens-Quelle, in ihr hat alles seinen Ursprung. Gesetzt in die sinnlich wahrnehmbare Welt ist es uns gegeben, frei zu entscheiden zwischen dem uns anvertrauten Leben, oder dem Selbst-sein das Walten zu gewähren: „Wer von sich selbst aus redet, sucht seine eigene Verherrlichung. Wer aber die Verherrlichung dessen sucht, der ihn ausgeschickt hat, der ist wahrhaftig – und Unrecht gibt es nicht in ihm".[5]

Wie die Realität zeigt, gibt es kaum jemand, dem vom *Leben-Selbst* uns Vermachten nicht zu entweichen. Das Selbst-sein gewinnt mehr und mehr die Vorherrschaft. Als dessen Folge geriet das eigentlich uns Leben-lassende in den Hintergrund. Fragen wir nach der Triebkraft, die solch ein Einhandeln ermöglicht, so sind dies die Mächte, die die lichtlose Welt beherrschen. Deshalb können wir das uns vermachte Licht von der Finsternis zunehmend nicht mehr unterscheiden: das Licht ist leben-spendend, die Finsternis tod-bringend. Ein Ermöglichen des diesbezüglichen Täuschens hat seinen Grund im Kraft-feld des Todes. Dass wir davon keinen Durchblick haben können, hat seinen Anlass im von uns niemals Erfassbaren, das den himmlischen Kräften in seinem Beherrschen – uns Menschen betreffend – nahe liegt. Dessen bewusst unser Leben zu gestalten, ist nun unsere unausweichliche Pflicht, damit wir den Anlass im von uns selbst erteilt Bewilligten, das die Finsternis als das Licht begründet, vereiteln: „Die Stimme Jahwes entwurzelt die Eichen, sie lichtet die Wälder“.[6]

In uns Menschen gründet sowohl eine Welt des Lebens als auch eine Welt des Todes. Obwohl die Lebens-Welt die Todes-Welt überragt, kann das Leben-spendende *vom vielfach bejahten Todes-sprung* negiert werden. Das Selbst-erzeugen kann uns so tief berauschen, dass dessen Wirken in der uns vermachten Lebens-Welt uns betrügt. Leider ist uns Menschen sowohl die Lebens- als auch die Todes-Welt in ihrer vollen Kraft des je betreffenden Wirkens überall nicht voll bewusst; deshalb können wir überzeugt sein, als stünden wir auf der Seite des Lebens und als sei diesbezüglich alles klar. In Wirklichkeit aber ist es ein undurchdringliches Nebelfeld. Die wahre Klarheit wäre: „Wenn einer spricht – so Worte Gottes. Wenn einer dient – so aus der Stärke, die Gott ihm beschert, damit in allem Gott verherrlicht werde durch Jesus den Messias: Sein die Herrlichkeit und die Gewalt im All der Weltzeiten“.[7]

Dass wir allgewaltig versucht sind, das Leben im Tun und Lassen selbst zu bestimmen, ist von uns nicht zu verleugnen. Aus diesem Versucht-sein bildet sich in uns das nahezu unabdingliche Selbst-sein-wollen und -sollen, genannt das egozentrische Gebaren. Um Klarheit über das Ego zu bekommen, kommen wir nicht umhin, Stück für Stück in uns – bis in sein Wurzel-Feld – vorzudringen. Erst dann klärt sich für uns das Ausmaß des im Ego erfassten Wirkens, dessen Tiefe dem in uns vermachten *Lebens-Impuls* relativ nahe kommt. Wie wir sehen, geht es letztlich dem Ego-vermachten darum, das Ganze unseres Daseins selbst zu bestimmen. Dem ich-haften Begehren zu verfallen, heißt sich für den Tod zu entscheiden, und zwar unwissend dem Tod-bringenden zu huldigen. „Ihr Menschen, wie lange verhärtet ihr eure Herzen! Was liebt ihr eitlen Wahn, was suchet ihr Trug?“[8] Hier zeigt sich sukzessiv das einstellende Erblinden: blindlings geht die davon betroffene Person ihren Weg, um in allem das hiermit Gebilligte maximal zu wirken. Weil wir dem Schöpfer kein Gehör schenken und der Eitelkeit uns ergeben, werden wir dazu ermahnt: „Er rief mit mächtiger Stimme: Fürchtet Gott und gebt ihm die Ehre, denn die Stunde seines Gerichtes ist gekommen, und betet den an, der den Himmel und die Erde und das Meer und die Wasserquellen erschaffen hat“.[9]

Wem die Wahrheit sich wirklich erschließen soll, der bemühe sich entschieden, um bis in die Wurzel seines Seins einzutauchen: „Darin ist die Liebe Gottes bei uns erschienen, dass Gott seinen Sohn – den einzigen – in die Welt gesandt hat, damit wir durch ihn leben“.[10] Nur im Vertrauen lichtet sich achtsam Schritt für Schritt die in uns hausende Finsternis. Hierbei geht es nicht um irgendein Etwas, mit dem es gilt aufzuräumen. Nein, es geht um das All-samt, um sich das All-in-eins über uns hinaus zu erschließen: „Ich – all denen ich Freund bin: die weise ich zurecht und erziehe sie. Sei also eifrig und kehre um. Da! Ich stehe an dem Tor und klopfe: Wer auf meine Stimme hört und das Tor öffnet, zu ihm trete ich ein, und mit ihm halte ich Mahl – und er mit mir“.[11] Das jesuanische Vermächtnis erschließt uns in tiefer Weise das sich in uns Genötigte: „Denn: Aus ihm und durch ihn und auf ihn hin ist das Allsamt. Sein ist die Herrlichkeit auf Weltzeiten hin. Wahr ist's!“[12] Sind wir mit dem Allsamt im Eins-sein, so öffnet sich für uns auch das Tor des schmalen Weges über das Zeitliche hinaus.

Jedoch, sofern wir fasslich – hinsichtlich des Überirdischen – festgefahren sind und daran haften, um den Unsterblichen in uns zu widmen, schließen wir Tür und Tor. Ein derartiges Zu-verfügen des All-seins schändet die Ehrfurcht, dies, indem es abgleitet und ausschließlich bei uns selbst verbleibt.

Wer diesbezüglich von seinem Sinnverhaftet-sein nicht frei wird, ist in der Gefahr, dem Verfügen des Schöpferischen zu verfallen. Jeglicher Art des Vernetzt-seins im ausschließlichen Selbst-wollen folgt – trotz des Strebens nach dem Leben – einzig der Tod. Wer so überzeugt am Leben teilhaftig verbleibt, betrügt sich selbst. Denn die vereinte Wirkkraft unserer fünf Sinne mit dem Denk-vermögen vermag das Irdische nicht zu überschreiten. Aus uns ist also das Darüber-hinaus nicht möglich, um dessentwillen ist das reinigende Läutern von uns gefordert. Wie könnte sich sonst das Eigentliche unseres Seins erschließen und mitteilen, solange all der gewirkte Gegensatz hierzu aufgrund unserer Unreinheit die Oberhand behält. Ja, wie könnte das überirdisch reine Verhältnis zwischen dem Vater und dem Sohn aus unserem bloß irdisch-verschmutzten Anblick verstanden werden! Das, was unseren Weg im Dasein lichtet, legt Jesus für uns offen: „Wenn ich mich selbst verherrliche, so ist meine Herrlichkeit nichts. Es ist mein Vater, der mich verherrlicht – er, von dem ihr sagt: Er ist unser Gott“.[13]

Wollen wir um der Gottesfurcht willen uns nicht vergreifen, dann muss unser Ehrerbieten in der Demut, die der Wohnort der Liebe ist, gründen. Der Weg zur Ehrfurcht ist eben die Liebe, denn nur sie befreit von unserem folgewidrig Bewirkten, das den Willen des Schöpfers veruntreut. Es geht darum, die Seele – das göttlich uns Vermachte – vom Verunreinigten zu reinigen. Nämlich, all das am *Leben-Selbst* teilhabend Gewirkte ist von uns Menschen vielfach durch das Hintergehen missbraucht. Je tiefgründiger unser Einsichten in das uns Leben-lassende ist, desto offenbarer deutet sich uns das all-gegenseitig notwendige Vernetzt-sein, das den Willen des Schöpfers uns erschließt:. „Denn Gott ist Sonne und Schild; Herrlichkeit verleiht er und Gnade. Kein Gut wird er denen versagen, die da wandeln in Unschuld“.[14]

Das besehende Lichten des Selbst-seins befehdet ein zwiefaches Aufwerfen: dies bezieht sich sowohl auf das Irdische als auch auf das Überirdische. Unser körperliches Wahrnehmen

– das Sinnliche insgesamt mit einbezogen – bedarf zunächst des weltlichen Musterns. Alles steht in seinem je spezifisch vermachten Geprägt-sein zueinander In-bezug. Soll sein Entstören im Nicht-wirken enden, benötigt sein Auflösen ein verflochtenes Läutern von all dem – missbräuchlich bedacht – Erzwungenen. Legen wir partikular das gegensätzliche Wirken in uns offen, so kann dies zweifellos ein Lindern sein, obwohl das je verschiedentlich in uns Vorfallende mitzusehen ist. Steht dem Partikular *das In-eins* gegenüber, erst dann befinden wir uns *mit Ihm* im wahrlich Entfesselnden: „du leitest mich nach deinem Rat und nimmst mich am Ende mit Ehren an".[15]

Unfrei – wie wir sind – begehrt weitgehend das uns begleitende Hindernis, es irdisch zu bezwingen: ist dies nicht eine Illusion! Im Irdischen wurzelt das Unheil-stiftende, das in gewisser Hinsicht unser Sein bindet. Ist es nicht doch ihr blendendes Vorrecht, welches ein Frei-werden uns suggeriert? Dagegen mangelt es – schlicht gesagt – dem befehdend Überirdischen an Vertrauen: „Nicht uns, Jahwe, nicht uns, Ehre verleihe deinem Namen, um deiner Gnade willen und deiner Treue".[16] Um unser missverstandenes In-der-Welt-sein zu lichten, ist Er stets bereit, sich aus seinem Erbarmen uns zu widmen: „Ruft er mich an, so höre ich ihn, in allen Nöten bin ich ihm nahe, ich befreie ihn und bring ihn zu Ehren".[17]

Das ursächlich seiend Grundgelegte ist das In-eins in allem Sein. Ist unser weilendes Atmen gemäß dem Seinen mit allem, dann ist es gebürgt, in Ehrfurcht zu dienen. Allein das schlicht demütig-dankbare Herz kann ehrfürchtig mit dem himmlischen Lob übereinstimmen: „Herrlichkeit Gott: in den Höhen! Und auf Erden: Friede den Menschen seines Gefallens".[18] Gründet wahrlich in uns das In-eins mit Ihm, so vermag – wird es erweckt – das waltende Wirken wahre Früchte zu zeitigen, so wie Paulus danach strebte: „Entreißen wird mich der Herr jeder bösen Machenschaft und retten in sein himmlisches Königtum. Sein die Herrlichkeit ins All der Weltzeiten. Wahr ist's!".[19] Denn: „Mein Heil und meine Ehre, sie sind bei Gott; er ist der Fels meiner Kraft, ja, Gott ist mir Zuflucht“.[20]

Ein Nachtrag zum Thema Ehrfurcht

„So schaue ich aus nach dir im heiligen Zelt, deine Kraft und deine Herrlichkeit möchte ich schauen“.[21] Ehrfurcht: wir reden hier vom überirdisch Verursachten, nicht vom Satanismus, seinem in jeder Hinsicht nach-geäfften Wirken. Alles, was ist, hat ein Gegenüber, ein Eins für sich allein gibt es nicht. So bedingt das Zeugen des Einbringens derart das Teilhaftig-sein des Einen mit dem Anderen. Allein aus sich selbst kann kein Ausbeuten sich abfinden, immer ist es das Miteinander, das wir als das Sein schlechthin – Leben oder Tod – bezeichnen.

Was ist der Sinn des Seins aus dem Geschehnis des im miteinander Wirkens? Das tragende Sein im Sinn des Schöpfers sagt: es ist das Anteil-seiende im Sein des wesenhaft Lebenzeugenden. Leben ist sein Übereinstimmen mit dem All-samt im Tragen des Vermacht-seins, das in seinem Sein sich erweist: „Jahwe sei Ehre in Ewigkeit, es freue sich Jahwe seiner Werke“.[22] Eigentlich ist das Ganze immer eine – ob negative oder positive – Dreiheit: Zwei kommen zusammen und was daraus sich bildet ist das Dritte. Die Schöpfung selbst ist von Luzifer getroffen, den Menschen traf es noch mehr, denn er kann wählen, ja ausschließlich sein Selbst-sein bestimmen, was nicht nur ihn selbst, sondern auch – kleiner als null – sein früchte-tragendes Zwei-sein trifft. „Ich jedoch suche nicht meine Herrlichkeit. Einer ist, der sie sucht, und der richtet“.[23] Deshalb: „Wach auf, meine Seele; Psalter und Harfe, wacht auf! Ich will das Morgenrot wecken“.[24]

40 Verdunklung: das entheiligte Sein mündet in licht-loses Wirken

„Denn groß sind deine Gerichte und unerforschlich, daher verfielen unbelehrbare Seelen dem Irrtum… Keines Feuers Macht vermochte Licht zu schaffen, noch konnten die leuchtenden Flammen der Gestirne jene schauerliche Nacht erhellen“.[1] Unser Verfinstert-sein bezeugt, wie die Strahlkraft der Lichtquelle – die es in uns gibt – erlischt. Für das Menschsein ist uns die Identität der Kern-$_F$ gegeben, was ohne deren seelisches In-Kraft-treten wahrlich nicht zu verwirklichen ist. Formiert und entfremdet von uns entbindet sich ein unabdingbares Zuwider zum Seelischen und ersetzt das authentisch Scheinende durch sich selbst. Die wesenhafte Ungleichheit zwischen dem wahrhaft in uns Gründenden und dem widersprüchlich sich innerweltlich Etablierten wird nicht nur entschärft, sondern die Wahrheit selbst soll verdunkelt werden: „Wehe denen, die Böses gut und Gutes bös nennen, die Finsternis zu Licht machen und Licht zu Finsternis, die Bitteres süß und Süßes bitter machen. Wehe denen, die weise sind in ihren eigenen Augen und klug vor sich selbst!“[2]

Das eigentlich uns Leben-lassende ist weithin für uns randlagig, dagegen ist das verfügende Streben des Innerweltlichen unbeschränkt. Stünde das Überzeitliche den Interessen des Zeitlichen in eins, so hätte es eine Chance, nicht gänzlich übersehen zu werden. Jedoch, solch ein erfassender Vertausch der Welten trifft und negiert das Mensch-sein bis hinein in das Leben-lassende: auf diese Art zielt das blindlings erzielte Negieren im Ausbeuten des All-seins schlechthin. Das hierdurch Erzielte erweist dessen Geschehnis erst im Nachhinein: das Eingesehene – weil vielfach verspätet – lässt sich nicht einlösen. Der Tausch, der durchgängig sich weltlich anbietet, ergreift das Überweltliche, um es tellurisch zu maskieren. Die Weisheit legt uns ihre Unwiderlegbarkeit auf den Tisch, um einem Umsetzen – aus dem Leben in den Tod – nicht zu erliegen: „Gott hat den Menschen zur Unvergänglichkeit erschaffen und ihn zum Bild seines eigenen Wesens gemacht. Doch durch den Neid des Teufels kam der Tod in die Welt, und ihn erfahren alle, die ihm angehören“.[3]

Was verdunkelt werden soll, ist das Heils-geschehnis – Inkarnation, Tod, Auferstehung und Wiederkunft Christi. Je mehr die gefallene Menschheit die Wirkkraft des Heilsplans Jesu verkennt, desto lichtloser wandelt sie. Überdies sind diejenigen, die die Botschaft Jesu wieder zu erheben suchen, nicht auf Ihn gerichtet, sondern auf ihr eigenes Wollen. In Wirklichkeit dienen sie dadurch dem Widerstreiten der dunklen Mächte, die sich gegen das uns Leben-lassende, ja gegen den Schöpfer des Alls richten: der Mensch ist für sie darin ein bloßes Werkzeug. Jedes Mittel ist ihnen recht, die weltliche Beschlagenheit – das Wahre uns vorenthaltend – uns zuzuweisen. Immer geht es ihnen darum, uns an dieses oder jenes mit der Absicht zu binden: bewundert zu werden ist ihre Raffinesse, um uns den ehrenden Einklang mit dem Geheiligten zu rauben. Wird das Mysterium der Erlösung mental erfasst, verliert es seine transformative Kraft, die nur im demütig-zuversichtlichen Glauben wirksam sein kann. Was glaubend angenommen werden soll, will man durch Erklärung ersetzen, die aus der innerweltlichen Erfahrung sich erschließen lässt. Dies ist das Geneigte unseres Mensch-seins, uns auf diese Weise in Finsternis zu binden: „Die Leuchte des Leibes ist das Auge. Wenn nun dein Auge heil ist, wird hell-licht sein dein ganzer Leib. Wenn aber dein Auge böse ist, wird finster sein dein ganzer Leib. Ist nun gar dein inwendig Licht Finsternis – welch große Finsternis dann!“[4]

Dass unser Herz verdunkelt ist, ist daran zu erkennen, dass wir zerstreut sind; nie zuvor in der Geschichte der Menschheit war das Zerstreut-sein so sehr bahnbrechend wirksam wie heute. Solch ein derartig weltweites Einflößen des Dabei-sein-müssens ist mit nichts anderem bestellt, als mit dem zugegen Erreichten – sei es was es will – uns unübertrefflich zu identifizieren, so dass selbst Kinder und Greise ein Opfer dieses hintergehenden Verfügens sind. Beklagenswert ist, dass die Mehrheit der Menschen dieses Faktum idealisiert als Fortschritt, ja als zunehmende Lebensqualität, die eine magnetische Kraft in sich birgt. Der Ablauf ist weder Trauer noch Freude. Was sie im Innersten anrührt ist Indifferenz, die sich innerweltlich verkleidet mit Frieden, Liebe und Harmonie; kurz und schlicht gesagt: hier handelt es sich um blindlings egozentrische Schmeicheleien. Um diese trügerische Kette zu zerbrechen, ist der Urheber des ganzen Übels zu erfassen: „Denn für uns geht der Kampf nicht gegen Blut und Fleisch, sondern gegen die Mächte, gegen die Vollmachten, gegen die Weltgewalthaber dieser Finsternis, gegen die Geisterschaften der Bosheit in den Himmelsregionen“.[5]

Unser innerweltliches Angepasst-sein, welches sich in unseren Tagen weitgehend als das Umfassende gibt, ist nichts anderes als Zerstreuung. Die darin wirkende Raffinesse zeigt sich im Verabsolutieren des Wählens: es ist nicht Dein Wille, nein, es ist mein Wille, der hier das Geschehen bestimmt. Mit dieser Anmaßung kann unser sinnliches Wahr-nehmen niemals überschritten werden. Denn in Wirklichkeit atmen wir als Menschen weit über das Sinnliche hinaus, was eigentlich auf dem uns Leben-schenkenden beruht, ohne dass wir dies gewahrend bedenken. Verzerrt ist deshalb für uns das wahre Licht, so dass das Schein-lichtende uns zu blenden vermag, ja uns verdunkelt. Selbst Ijob, der vor Gott tadellos lebt, ist nicht verschont, unter der Lichtlosigkeit zu leiden: „Denn Gutes hoffte ich – es kam das Unglück. Ich harrte auf das Licht – das Dunkel nahte“.[6]

Die innere, von uns selbst vermachte Finsternis, kann sich nur durch die Sammlung lichten. Die Sammlung ist der Gegensatz von Zerstreuung, dessen äußerste Spannweite Jesus offenlegt: „Wer nicht mit mir ist – gegen mich ist er. Und wer nicht mit mir sammelt – der zerstreut“.[7] In uns allen gibt es zwei Wurzel-stöcke: das Leben-spendende und dasjenige, welches mit allen Mitteln versucht, das uns vermachte Leben zu rauben; was dunkle Mächte und der Kampf mit ihnen sind, legt Paulus offen.[8] Vielfach hinterlässt es die Lebenspraxis, als könnte man mit dem Pendeln zwischen den absolut sich widersetzenden Wurzel-stöcken in von uns vermachtes In-eins münden und Frieden stiften. Diesem leibeigenen Selbstbetrug unterliegt weitgehend das Übersinnliche, denn die Ausbeute geschieht wie üblich bloß im sinnlichen Erfahren: „Sie verführen ungefestigtes Leben; das Herz haben sie in der Gier geübt – Kinder des Fluches. … Solche sind wasserlose Quellen und Wolken, vom Wirbelwind getrieben – die dunkelste Finsternis ist ihnen aufbewahrt".[9]

Wieso ist unsere Lebens-art beinahe beharrlich versiegelt? Denn demzufolge ist das, was unser Leben fürwahr vollführen würde, nicht erwünscht. Und das, was unser Leben durch Mühe, Krankheit und Leiden vermindert, verbreitet sich in unverständiger Weise, indem es kollektiv von uns herbeigezogen ist. Dies als Absurdität zu benennen, kommt für uns kaum infrage, denn ein kollektiv Bejahtes hat den Wahrheits-Anspruch, gegen den kaum jemand zu kämpfen wagt. Außerdem kommt es in absurder Weise noch dazu, nach jenem zur Seite Geschobenem zu lechzen, und in Richtung All-samt mit dem Geschaffenen zu wirken, ja, das Überzeitliche nicht aus dem Blick zu verlieren. Und trotz allem bleibt das Himmlische unverändert: „Ich bin Jahwe, und sonst ist keiner, der Licht bildet und Finsternis schafft, der Heil wirkt und Unheil schafft; ich bin Jahwe, der alles dieses wirkt".[10]

Wie tief wir durch den Sündenfall angeschlagen sind, ist uns nicht nur nicht bewusst, sondern gegenwärtig wird dies leichtsinnig übersehen, ja vielfach auch nicht mehr akzeptiert: „Das aber ist das Gericht: Das Licht ist in die Welt gekommen; doch liebten die Menschen die Finsternis mehr als das Licht. Denn böse waren ihre Werke".[11] Und dies ist bis heute nicht nur so geblieben, sondern verstärkt aktiv, so dass nun gilt: „Denn: Jedem der hat – dem wird gegeben, ja überreich geschenkt. Wer aber nicht hat, dem wird auch das, was er hat, genommen. Und den nichtsnutzigen Knecht werft hinaus in die äußerste Finsternis! Dort wird sein: das Heulen und Knirschen der Zähne".[12] In unserem In-der-Welt-sein ist es ein ständiges Ringen: „… um ihre Augen zu öffnen, auf dass sie von Finsternis zum Licht und aus des Satanas Vollmacht zu Gott sich hinwenden…".[13] Unablässig ist Sein Wirken: „Den Guten erstrahlt er als Licht in der Finsternis, milde ist er, gerecht und barmherzig".[14] Und: „das ist die Kunde, die wir von ihm [Jesus] gehört haben und euch kundtun: Gott ist Licht; und Finsternis ist in ihm keine".[15]

Jesus – der Ursprung allen Seins – kam, um aus dem Verirrtsein, das uns gefangen hält, zu befreien. Durch das Getrenntsein vom Lebens-Quell ist unser Wahr-nehmen geblendet. In seiner Folge trifft dies nicht nur uns selbst, sondern das All-samt ist am Vergreifen des Lebens mit einbezogen; das Übersinnliche im Vergänglichen ins Auge zu fassen, bleibt weitgehend verschlossen. Deshalb musste Er kommen, um uns der Macht der Finsternis zu entreißen: „Denn in ihm wurde erschaffen das Allsamt: in den Himmeln und auf der Erde, das Sichtbare und das Unsichtbare, … Das Allsamt ist durch ihn und auf ihn hin erschaffen. Und er ist vor allen und das Allsamt ist in ihm zusammengehalten".[16] Wie tief das Mensch-sein in unserem geblendeten Selbst getroffen ist, zeigt die Blindheit, die das uns vermachte überzeitliche Leben ablenkt: „Und das Licht scheint in der Finsternis. Und die Finsternis ergriff es nicht".[17] Dessen Folge ist nun: „Nur noch eine kleine Zeit ist das Licht bei euch. Geht den Weg, solang ihr das Licht habt, dass nicht die Finsternis euch fasse. Wer in der Finsternis den Weg geht, weiß nicht, wohin er geht".[18]

41 Drei Gifte: die Gier, der Zorn und das Unwissen peilen im diabolisch Erwirkten den Ur-sinn allen Seins an

„Wer mich gefunden, hat Leben gefunden und erlangt das Wohlgefallen Jahwes. Doch wer sich an mir vergeht, der tut seiner Seele Gewalt an; alle, die mich verwerfen, lieben den Tod!“[1] Im Streben, den Giften – der Gier, dem Zorn und dem Unwissen – singulär zu entkommen, ist abwegig. Wie ließe sich ihr diabolisches Wirken auch in solcher Art ermitteln, da das entweichende Entziffern die Ausflucht bevorzugt. Nur durch das bilaterale Entwirren von Sein und Nicht-sein lassen sich die drei Gifte entschlüsseln. Entzweit vom Himmlischen – ihrem Eins-sein mit allem – siedeln wir mit den missbräuchlich geraubten Kräften in unserem Dasein. Dem unser Leben vertilgenden Geschehnis ist sein Durchblick für uns soweit entnommen, dass wir der Entführung unseres Lebens blindlings folgen.[a]

Zumal wir mit der Gier, dem Zorn und unserem Unwissen in ihrem eigentlichen Sinn so recht nicht mehr etwas anfangen können, vergegenwärtigt sich diesbezüglich dreiteilig unsere Lebens-Praxis. Die Gier zeigt ihr Mammon-haftes in dessen Vollführen. Der Zorn demonstriert sich im Beschlagenen des Angegriffen-seins. Aufgrund des Unwissens – der Finsternis[2] – kann der anhaltend-erschleichende Genital-Reiz der Schlange beanspruchen, um *das grundlegende Kausal-sein* hiermit zu inhibieren. Der Mammonismus rechtfertigt sich eminent, das Pseudo-wissen ist gegenwärtig erzwungen und dem Genital-Reiz der Schlange ist es gelungen: benommen ist unser Leben. Demzufolge muss gleichsam das So-sein von allem im Werden sich ergeben. Das Vergötzen des Irdischen vergegenwärtigt unser Da-sein: wer das Mehr-haben, das Wissend-werden und das Sein-müssen nicht mitwirkt, der ist *den danach Strebenden* fremd, ja nicht mehr zugehörig. Was wir fassen und greifen können, bietet uns die selbstvermachte Bürgschaft, die reale Gegenwart und unsere sukzessiv berechenbare Zukunft. Denn wir sind Materie im übertragenen Sinn bis hinein in den Kosmos, was sonst noch sein soll, wie könnten wir es wissen, ja auch wollen? Deshalb: „Abzulegen habt ihr – was den früheren Lebenswandel betrifft – den alten Menschen, der verdirbt am Geblend der Begierden. Zu erneuern habt ihr euch dagegen durch ein geistbestimmtes Denken“.[3]

Das Gründende allen Lebens ist *der Ur-sinn des Seins.* Dessen Missachtung ist *das in uns mephistophelisch widersinnige Streben.* Obwohl wir im Ur-sinn gründen, bestreiten wir widersinnig *das uns Leben-lassende.* Die Ambivalenz des In-der-Welt-seins suggeriert den Sinnlich-tendierten deren Überlegen-sein. In zwei Welten befinden wir uns. Das Teilhaftig-sein am Ursinn des Lebens ist die in uns dominierend wirkende Kraft. Ihr Verneinendes-widerstreben durch die antagonistischen Kräfte, die sich in uns festgesetzt haben, ringen, ja beanspruchen, sie seien in allem das eigentlich Überlegene. Obwohl – soweit es möglich ist – der Lebens-Quell wirkend in uns atmet, betätigt sich das uns Leben-nehmende rastlos, um über dem Ursprünglichen unseres Seins zu herrschen. Wer kann die Tiefe unseres diesbezüglichen Geschädigt-seins erfassen? Niemand. Denn das unser Leben Gründende ist durch dessen Missachtung nicht nur verletzt, nein, es ist in einem Ausmaß entfremdet, so dass wir dem Beraubenden unseres Lebens verfallen und uns von seinen Kräften befehligen lassen. Nun kann das uns Seelisch-vermachte als Sperre deklariert werden, denn das wahrhaft ursächlich in uns gestiftete Sein wird zur Lüge degradiert und das allwirkend Dämonenhafte führt in den Verlust des Lebens. Somit ist das wahrhaft uns Leben-lassende diskriminiert und das getäuschte Wahr-sein soll, ja muss als unwahr freigegeben werden: ein überdauernder Weg vom Leben in den Tod. Darum ermahnt Paulus: „Geht doch ihr den Weg nicht mehr, wie die Völker den Weg gehen in ihres Denkens Nichtigkeit; verfinstert im Sinnen, wie sie sind; geschieden vom Leben Gottes ob der Unwissenheit, die in ihnen west; ob der Starrsinn ihres Herzens – sie, die da stumpf geworden, sich der Ausschweifung hingeben, indem sie allart Unreines treiben, in Gier nach mehr."[4]

Das Gebettet-sein in der Welt ist ergriffen vom Sich-Widersprechenden. Einesteils ist es das Grundgelegte unseres Seins, dessen Wurzel im All-samt gründet und in das Leben führt. Hingegen ist das Abholde, das – sich selbst vermacht – in uns gesetzt ist und in den Tod führt. Nehmen wir die Gier, den Zorn und das Unwissen, um die zwei Welten – in denen wir leben – zu lichten, dann geht es darum, im Ur-sinn allen Seins nicht im Wirken unseres Verfinsterns zu verharren.[b]

- Die Gier ist das getarnte Verlangen nach dem All-sein, diesbezüglich zu gewinnen ist die Intention des Waltens. Um davon entgiftet zu werden, muss unser Sein- und Haben-wollen in das Nicht-haben münden. Wer danach streben will, nachdem das, wer es sehen lässt, verwirklicht werden soll, muss im Ringen mit dem Widersinn heimfinden zu dem, was zum Vater im Himmel führt.

- Der Zorn ist das Bewirken dessen, der das Unendliche unter seiner Herrschaft waltet. Wenn all das uns Gegebene veruntreut wird, um das Machthaben zu stärken und so die Obermacht uns zu entreißen, *kann der Heilszorn in uns erweckt werden*, so dass das vermachte Leben uns nicht abhanden komme.

- Unser Unwissen ist das uns zugewendete Schein-erkennen. Die Gier und der Zorn schädigen soweit, dass wir für das Wahre und die Lüge zunehmend unfähig werden, um das in und mit uns Vorgehende – sein wahres Sein und Nicht-sein – zu lichten: „Falsche Zunge hasst die Wahrheit, und ein glatter Mund bereitet Sturz."[5] Und: „So ist auch die Zunge ein kleines Glied und kann sich doch großer Dinge rühmen. Da! Wie klein das Feuer – welch großen Wald steckt es in Brand. Auch die Zunge ist ein Feuer und die Welt voll Unrecht. So stellt die Zunge sich unter unsern Gliedern dar – sie, die den ganzen Leib beschmutzt und das Rad des Lebens verbrennt und selbst verbrannt wird von der Hölle".[6] *Nur erheblich geläutert zu sein* erlangen wir das In-einblicknehmen in das ursächlich uns vermachte Sein. Was das Unwahre gegensätzlich zum Wahren wirkt, lässt sich dann nicht mehr blenden, denn was häufig geschieht, die Lüge für die Wahrheit und die Wahrheit für die Lüge in Anspruch zu nehmen, scheidet aus: dem mephistophelischen Walten ist damit seiner Überlegenheit entnommen.[c]

Das uns dinglich Vermachte hat seine Grenzen, denn dies bindet uns im Erblicken des Sinnlichen. Sein Weltall kommt uns einerseits anschaulich zu, andererseits bemängelt der uns klärende Zugriff und kann das Eigentliche unseres Lebens damit kaum berühren: es kommt aus dem Schatten und nicht aus dem Licht. Dagegen ist die uns atmosphärisch zugewandte Leuchtkraft gefasst, um dessen Erheben durch das sinnlich-sittliche wahrnehmen zu durchdringen und die Spannweite vom Entweichen zum Ereignis einzulösen. Die Sinne – ihr Einstieg in das Irdische – sind genötigt, sich nach innen zu fügen, um uns wort-frei ganzheitlich zu walten. Das äußere Wahrnehmen ist in uns irdisch geprägt, die inneren Sinne dagegen bewirken das Überirdische und führen uns vom Zeitlichen zum Überzeitlichen: „Ich sage aber: Im Geist geht den Weg, und ihr werdet die Begierde des Fleisches nicht ans Ziel kommen lassen. Denn das Fleisch begehrt gegen den Geist, der Geist aber gegen das Fleisch. Die beiden sind ja Gegner, auf dass ihr nicht das tut, was ihr wollt."[7]

Das irdisch uns Umfassende ist nur ein Teil unseres Seins. Im wesenhaften All-samt jedoch gründet der seelisch uns vermachte Lebens-Quell. Wir aber nehmen unser irdisches Verfasst-sein in absurder Weise weitgehend aus dem In-eins für unser Wirken; anbei sind wir – mehr oder weniger – mit dem Zeitlos-angrenzenden noch auf der Spur. Es aber trifft nicht nur den Körperteil, sondern mit dem aufgelöst Entschiedenen ist das All-samt damit frevelnd selbst getroffen: „Die Frevler aber holen winkend und rufend den Tod herbei und sehnen sich nach ihm wie nach einem Freund. Sie schließen einen Bund mit ihm, weil sie es verdienen, ihm zu gehören.“[8]

Anmerkungen

Anm. a: „Sechs Dinge sind Jahwe verhasst, / und sieben seinem Herzen ein Abscheu: Stolze Augen, falsche Zunge, / Hände, die unschuldig Blut vergießen; Ein Herz, das Unheilspläne betreibt; / Füße, die eilends zum Bösen laufen; Der falsche Zeuge, der Lügen vorbringt; / endlich wer zwischen Brüdern Streit entfesselt.“

Anm. b: „Das Unsichtbare an ihm wird ja als Begreifbares seit Weltschöpfung an den Werken eingesehen: nämlich seine ewige Kraft und Göttlichkeit. Darum sind sie unentschuldbar, da sie ja – obschon sie Gott erkannten – ihn nicht als Gott verherrlichten oder ihm dankten, sondern ins Nichtige gerieten mit ihren Gedanken. Und verfinstert ward ihr uneinsichtig Herz“.

Anm. c: Die Finsternis ist im Menschen bedeckt und so verborgen. Ihr Samen ist in ihm grundgelegt. Dieses Besetzt-sein gebiert das Begehren nach Besitz, nach dem Eigentum und dem verfügenden Herrschafts-Anspruch, wodurch die in ihm grundgelegte Anhaftung zu keimen beginnt. Die Folge daraus ist: der Mensch erträgt es nicht, etwas nicht beherrschen zu können, woraus Furcht, Angst, Unsicherheit und letztlich der Zorn sich anhebt. Weil er das Leben an sich nicht besitzen und verfügen kann, tritt er hierzu in Widerspruch zur Ablehnung, der Feindschaft und zum Hass. Denn die Wurzel aller Übel ist die materielle und auch die spirituelle Habsucht: „Ihr bittet und empfangt doch nicht, weil ihr in böser Absicht bittet, um es in euren Leidenschaften zu verschwenden.“ Die Verdinglichung des Lebens hat seinen Grund in der Unwissenheit, darin liegt der Anstoß für die Tiefe seiner Wurzel.

42 Die innere Störung: der Kernpunkt des im Innern Verdunkelt-seins

„Bevor mich Trübsal getroffen, wandelte ich in der Irre; nun aber folge ich deinem Wahrspruch".[1] ‚In der Irre zu wandeln' verweist uns auf das Selbst-vermachte. In dessen Folge etabliert sich unser Wort- und Wirk-feld durch das Entscheiden seiner Selbst. Hier bleibt das betroffene All-samt dem In-der-Welt-sein verschleiert, denn nahezu scheint das Weisende im Selbst unserem Leben vertraut zu sein. Das Feld des Wortes und Wirkens geht selbst von Ereignis zu Ereignis. Das Zubewirkende einzulösen bedarf des sukzessiven Gereinigtwerdens, um das von uns Mit-vermachte zu stillen.

Was ist hier eigentlich das uns nötigende Sich-bestreben unseres Wirkens? Die waltenden Einflüsse: es ist ihr Trachten, das ursächlich uns vermachte Sein unter ihren Anspruch zu nehmen. Ihre absolute Wirkkraft ringt mit den Gegensätzen, die das wahrlich unser Leben-lassende schmähen, um so das entgegen gesetzte Wahre zu ergründen: die Wahrheit wird zur Lüge und die Lüge wird als das Wahre uns vermacht. Der hier intendierte Anspruch von Wahr-sein unterliegt den unser Leben schädigenden Emphasen, als käme das Scheinwahre mit ihrer Nötigung dem uns gründenden All-sein nahe.

Es geht um Leben oder Tod, Licht oder Finsternis. Welches ist das von uns gesuchte, weisende Anrecht? Den Verlust unseres Seins einzulösen ist für uns die Lebens-zusage, die uns im Dunkeln bindet und als Wahr-sein verkündet. So verheißt es immerzu das Wahr-sein als eine Lüge, die unwahr in das für uns bewahrte Leben mündet. Es gibt zwei Weisen des Seins, die in uns verankert sind. Das Entgegen-gesetzte mit oder gegen einander zu stimmen, ist für uns alle nicht zu umgehen, denn letztlich ist Tod oder Leben hiermit bedingt. Wir jedoch entscheiden uns kooperativ, um dem uns Befriedenden gefällig zu sein: idealisiert geht es uns immer darum, unser Leben zeitschweifend zu wirken; das Zeitliche dominiert und für das Überzeitliche gibt es vielfach nur noch ein randlagiges Interesse , wonach wir dann Ausschau halten.

Zwar dominiert unser Interesse weitgehend für das zeitlich Bedingte, um zu bestehen. Jedoch zielt die Lebens- und die Todes-frage auf das Überzeitliche, das nicht nur einen Zeitabschnitt offen legt, sondern das zeitlich Unfassbare ist der eigentliche Kernpunkt unseres Seins. Aber nicht nur dies, sondern der Urquell unseres Seins trägt seine himmlische Herkunft in sich und ist somit das wahre Vermächtnis des Atmens: dies ist das Unwiderlegbare, das unsere Existenz nicht im Lügenhaften hausen lässt.

Das Zweit-haft gebunden zu sein, ist uns in rechter Weise nicht bewusst. Im Lebens-Quell ist das uns Vermachte, ohne ihn gibt es für uns kein Sein, denn das All-samt hat im Gebenden seinen Anbeginn. Es ist zunächst das ursprünglich uns Gebende, das Nehmende kam in seiner Folge als das Zweit-hafte dazu. Im Verkehrt-werden des Seins greift das Nehmende zum Geben, so dass das Gebende degradiert. Die Strategie, dass das Geringer-sein den Vorrang zu erringen trachtet, ist die Lüge, um durch sie zur Herrschaft zu gelangen. Da wir schon durch die Geburt mit dem Verkehrt-sein beidrehen, wie könnte dann das All-samt noch seine Klarsicht in uns einlösen? Unfrei wie wir sind, ist das folgende Ergebnis: „… verfinstert im Sinnen, wie sie sind; geschieden vom Leben Gottes ob der Unwissenheit, die in ihnen west; ob der Starrnis ihres Herzens“.[2]

„Über die Zeiten der Unkenntnis hat Gott zwar hinweggesehen, jetzt aber weist er den Menschen an, dass alle allenthalben umkehren sollen“.[3] Das Umkehren ist keinesfalls ein Akt des diesbezüglichen Zugreifens, sondern unser Ganz-sein ist der einzulösende Vorbehalt dafür: „Denn so ist es der Wille Gottes: Die Guttäter sollen die Unwissenheit der unverständigen Menschen zum Schweigen bringen – als Freie, und nicht als ob ihr die Freiheit als Deckmantel für das Böse hättet, sondern als Gottes Knechte“.[4]

Anbei zum Quellgrund, aus dem das Leben-schenkende unablässig quillt, befindet sich auch *das Verzehrende des Lebens*, das permanent demnach ringt, von der Quelle des Lebens seine verzehrende Kraft zu steigern: „Sie nähren sich von der Sünde meines Volkes und sind gierig nach seinen ruchlosen Opfer“.[5] „Deshalb hat Gott sie durch die Begierden ihrer Herzen an unreines Treiben ausgeliefert, so dass ihre Leiber durch sie selbst geschändet werden. Sie tauschten ja die Wahrheit Gottes mit dem Trug und wurden Gottfürchtende und Diensttuende für die Schöpfung statt für den Schöpfer – der gepriesen ist auf Weltzeiten hin. Wahr ists‘!“[6] Ihr Trachten danach, das Leben zu missbrauchen, ist geboren aus der Ursünde. Um von diesem Befallen-sein frei zu werden, ist der Ich-Wille bis in den Grund des Seins zu integrieren. Erst das Einfinden des Eigenwillens *bis in den Grund des Seins* lässt die aus Anmaßung erzeugten Widerstände fallen. Jedoch, das bewusste Entscheiden des Wollens, um eingespeicherte Störungen aufzulösen, ist nur anhand der Sanftmut des Himmels zu vollbringen: „Denn eine Leuchte ist das Gebot, die Belehrung ein Licht; die Mahnungen der Zucht sind der Weg zum Leben“.[7] Was die ursündliche Störung betrifft, ist deren gänzliches Aufheben in diesem Leben nicht möglich. Letztendlich ist das Vermögen des Willens anzueignen, ja auf dem Altar des Lebens zu opfern, so dass *das Eigen-gesuchte im göttlichen Feuer verkohlt:* „Daher soll die Sünde euren sterblichen Leib nicht mehr beherrschen, und seinen Begierden sollt ihr nicht gehorchen“.[8]

43 Vertrauen: das Verloren-gegangene wieder zu gewinnen

„Ist nicht das Leben mehr als die Zehr und der Leib mehr als das Kleid?“[1] Sind wir mit unserem Beleben stets im All-sein, dann ist dies nichts anderes als das ursprüngliche Atmen: hier berührt es sich mit dem unverminderten Vertrauen. Um das von uns verloren gegangene wahre Vertraut-sein wiederzugewinnen, sind wir genötigt, uns zum Wahr-sein zu kehren. Wenn ein Mensch so ein Nötigen nicht bewirken will, dann bleibt ihm das ständige Ausweichen zu hantieren, was ihn schließlich zum Tod-bringenden führt: „Sicher ist es ein großes Übel, voller Fehler zu sein. Noch ein größeres Übel ist es, voller Fehler zu sein und sie nicht erkennen zu wollen. Denn das heißt, dass man ihnen willentlich noch den Betrug hinzufügt“.[2]

Das lügenhafte Vertraut-sein hat viele Gesichter: eine Illusion ist es, einem Ablenken zu entkommen. Und doch, in jedem Atemzug ist sein Vertrauen nötigend am Werk, denn ohne dies gibt es kein Leben: „Halte fest an der Weisung, lass nicht davon ab! Bewahre sie, sie ist ja dein Leben“.[3] Denn es gibt nichts, ohne sein diesbezügliches Vertraut-sein zu existieren; selbst die Kräfte der Unterwelt binden sich an uns: „Wir hatten jedoch in uns selbst das Todesurteil schon hingenommen; und so vertrauten wir nicht auf uns selbst, sondern auf den Gott, der die Toten erweckt“.[4]

In dem Maße, wie das Vertrauen nicht einfältig sein kann, gehen wir – gestört wegen der Ursünde – zerstreut unseren Weg. Was sich geradewegs anbietet, kann für uns zum Objekt werden. Daraufhin vertrauend wechseln wir die Gebilde, dessen Ergebnis in Misstrauen, letztlich in Verzagtheit mündet. Der Eigen-Wille steuert überheblich das, was uns nicht zur Ruhe kommen läßt. Denn es ist ein stetes Sein-müssen als füglicher Maßstab am Werk. Die Folge darauf ist: „Keiner klagt gerechterweise, und keiner führt mit Ehrlichkeit Prozess. Man vertraut auf Nichtigkeit und redet Eitles, geht mit Mühsal schwanger und gebiert Unheil".[5]

Das nicht einfältige Vertrauen kann das Enttäuschen in seiner verletzenden Abschürfung verursachen. Wird beispielsweise das einfältige Vertrauen eines Kindes entsprechend verletzt, so kann es äußerst schwierig sein, ein Ausheilen zu bewirken. Wer kann die Tür zum Vertrauen wieder öffnen? Nur der wahre Hirt, der barmherzig in selbstloser Liebe ist.[6] Jesus – der wahre Hirt – sucht die verlorenen Schafe und handelt, um sie zu sich zu rufen: „Da! Ich stehe an dem Tor und klopfe: Wer auf meine Stimme hört und das Tor öffnet, zu ihm trete ich ein, und mit ihm halte ich Mahl – und er mit mir".[7]

Die Chance, durch ein belegtes Bewandern das gestiftete Unheil zu mindern, ist keinesfalls selbstverständlich. Zum einen ist es die betreffende Person, die ansprechbar sein muss, so dass das In-not-sein ihr bewusst wird. Zum andern ist es die handelnde Person. Ist sie wirklich fähig, dass das Zu-vermittelnde gelingt? Das Zu-empfangende muss in seinem Bedürftig-sein sich klären, indem es nach einem Prozess Ausschau hält, um das Wesenhafte unseres In-der-Welt-seins einzulösen. Das Gebende ist nicht weniger fraglich, denn es muss sich zuvor selbst das Heilbringende eingeholt haben. Eben dadurch kommen wir zu einem Anschlag des Selbsteingeholten, dessen Selbst-vermachtes ebenso bedürftig ist. Überdies erhält das hier Zu-beantwortende nicht weniger im Gegenüber, denn es ist für uns dessen Erworbenes: „Werft also euren Freimut nicht weg, der doch so großen Lohn erhält. Ihr braucht ja Ausharren, um den Willen Gottes zu tun und so die Verheißung zu gewinnen".[8]

Jedoch, es ist ein vielfach erfahrenes Wahrnehmen, wie *das Selbst-vermachte des Vertrauens* in Erscheinung tritt. In jedem Fall wird es vom Erdenbürger so wahrgenommen, denn er empfindet die Abfolge als aufrichtig. Die Folge davon wird

– obwohl sie nicht tugendsam ist – für beglaubigt gehalten. Eine Wende von diesem irrtümlichen Verhalten ist schwierig, denn das pseudo Wahr-sein dominiert. Ein davon Freiwerden fordert, dass er aufmerksam bleibt, dann führt es ihn selbst so weit, dass die Tür sich öffnet. Letztlich kann es nur der wahre Hirt, aber im Vertrauen auf Ihn muss der Mensch den letztmöglichen Akt leisten: „Denn ich werde dich bestimmt retten, so dass du nicht durch das Schwert fallen wirst, sondern du wirst dein Leben als Beute erhalten, weil du auf mich vertraut hast, spricht Jahwe“.[9]

Das verlorene Vertrauen – aus negativer Erfahrung – ist ausgerichtet auf das Vergängliche, das dem Leben widerspricht, ja uns weiter schädigt. In der Vertrauensstörung wurzelt die Grundursache unseres Mangels im Glauben. Geheilt werden kann dies aus der ursprünglichen Lebens-Kraft. Allerdings, wer diese Kraft primär auf sich bezogen ergreift, ist versucht, in seinem Begehren das Leben selbst zu verfügen; besonders im geistlichen Stand ist die Gefahr groß, in diese Versuchung zu fallen: „Nein: Als solche, die von Gott geprüft und wert befunden wurden, mit der Heilsbotschaft betraut zu werden, so reden wir: um Gott – der unsere Herzen prüft – nicht Menschen zu gefallen“.[10] Ja, das verführte Geneigt-sein der Menschen zu heilen, ist die Herausforderung für den, der vertraut: „Dann wirst du mir angetraut auf immer, angetraut in Gerechtigkeit und Recht, in Liebe und Erbarmen“.[11]

44 Süchtig-gesehnt: das Befreit-werden aus dem Vergänglichen

„Wir stöhnen denn auch im Hiesigen – voll Sehnsucht: unsere himmlische Hausung darüber-zuziehen, da wir ja nur, wenn wir sie überzogen, nicht nackt erfunden werden".[1] Das Sehnen im Verlangen dessen, was uns zum Leben führt, muss dafür alles – was dem widerspricht – sich lösen. Soweit wir aufrichtig sind, entfaltet sich unser Sein, das für das All-samt reift. Dagegen ist es im widersetzlich verlangenden Süchtigsein ein Täuschen, das uns in die Irre, ja in den Tod führt. Unser In-der-welt-sein unterliegt zwei Wurzelstöcken: dem Himmlischen und dem, das sich ihm widersetzt. Obwohl ihr Getrennt-sein eindeutig ist, ist es zugleich in uns vermischt wirkend. Dieses Ineinander zu lösen ist unser eigentlich nötigendes Berufen-sein. Wird das seelisch uns Gegebene wieder erlangend in seinem Wirken, dann ist dies unsere Abfolge auf ihrer Heimkehr. Dagegen ist das uns Nicht-gegebene in täuschender Weise *ein vorgerücktes Sein*, dessen Einschleichen trachtet, uns zu fügen. Gelingt dies, dann mindern sich sukzessiv unsere Lebens-kräfte: „Wenn du deiner Seele ihr Gierverlangen erfüllst, wird sie dich zum Triumpf deiner Feinde machen".[2]

Um das uns gegebene Leben einzulösen, dafür sind drei Grundbedingungen erforderlich:

a) *Die Selbst-beherrschung*: wie sein Meister vermag der Jünger das Meister-sein zu erlangen. Er wird auch nur wie Sein Meister, dessen Fähigkeit von Ihm kam, sein Leben zu bestreiten. So ist sein Weg auch unser Weg. Vom Gegen-weg redet Jesus, beide – der Geführte und der Blindenführer – fallen in die Grube.[3]
b) *Die Selbst-verleugnung*: andere zu beurteilen ist uns näher als uns selbst, denn das Selbst-erkennen ist wie

eine harte Knacknuss, das sich selbst leichthin nicht zu weisen vermag. Das Selbst-sein in uns zu lichten, fordert von uns die Schau zu wissen, dass wir aus uns selbst absolut nichtig sind. Erst wenn wir allda ankommen, dann kann sich das Dunkle in uns lichten.[4]

c) *Die rechte Einsicht*: die Natur zeigt sich im Geschehen, wie das Allsamt sein Beleben trägt. So ist es auch bei uns. Durch das getragene Erfassen lässt sich das Aerometer der Reinheit – aber auch der Verschmutzung – in uns ablesen. Unser Gefasst-sein zeigt sich: was im Herzen voll ist, spricht der Mund. In dem Maße, wie wir uns reinigen, stellt sich auch die Urteilskraft in uns ein.[5]

Sie – die Sünder – kamen zu Jesus, denn durch sein absolut offenes Bewahren strahlte er das In-eins mit allen und allem aus. Sie nahmen sein Anders-sein dadurch als nicht nur verschieden, sondern vielmehr erfuhren sie in ihm das *Wahr-sein*. Sein *Wider-streben* mutete sie zwar innerweltlich an, alles Seiende kam aber aus dem Lebens-Quell selbst, den Jesus in allem repräsentiert. Dadurch, dass sich nun ihr eigentliches Nicht-dabei-sein zu Jesus nicht nur verweist, sondern er die Barriere mit ihnen überschreitet, fassen sie Mut. So lassen sie sich *im Angesicht des Wahr-seins* vom Innerweltlich-seienden nicht bezwingen.

„Wir wissen ja, dass die ganze Schöpfung allzumal stöhnt und allzumal in Wehen leidet bis zum Jetzt. Aber nicht nur sie! Nein, auch wir, welche die Erstlingsfrucht des Geistes innehaben – auch wir selber stöhnen zuinnerst, auf die Sohnschaft wartend: den Loskauf unseres Leibes“.[6] Wird ein Sünder von seinem sündhaften Lebensstil befreit, so führt dies für sein Entgegen durch verschiedene Stufen:

1) Im ausschließlich Zwischen-menschlichen lässt sich das Unrecht wahr-nehmen: „Reich ist die Weisheit des Herrn, er ist stark an Macht und sieht alles. Seine Augen schauen auf die, die ihn fürchten, und jede Tat des Menschen ist ihm bekannt“.[7]

2) Von den Mitmenschen werden wir daraufhin zurechtgewiesen: „Daher soll die Sünde euren sterblichen Leib nicht mehr beherrschen, und seinen Begierden sollt ihr nicht gehorchen".[8]
3) Unser Wachwerden ist im uns Vermittelnden festzulegen: „Er schuf am Anfang den Menschen und überließ ihn der Macht der eigenen Entscheidung. Wenn du willst, kannst du die Gebote halten, und Treue zu üben liegt in deiner Macht".[9]
4) Durch Übung und Verzicht kann sich in uns das Einsehen selbst offenlegen: „Aber ich sehe ein anderes Gesetz in meinen Gliedern, das dem Gesetz meiner Vernunft widerstreitet und mich in dem Gesetz der Sünde, das in meinen Gliedern ist, gefangen hält".[10]
5) Durch unsere Not, sei es das Zeitliche oder sogar das Überzeitliche betreffend: „Wir wissen ja, dass die gesamte Schöpfung bis zur Stunde seufzt und in Wehen liegt. Und nicht nur das, auch wir, die wir die Erstlingsgabe des Geistes besitzen, auch wir seufzen in uns selbst in der Erwartung der Erlösung unseres Leibes".[11]
6) Das Handeln, das vor allen anderen Menschen die Mitmenschen schädigt, ist zu erdulden: „Es verlangt meine Seele nach deiner Hilfe, deinem Worte vertraue ich. Meine Augen schmachten nach deiner Verheißung; wann wirst du mich trösten".[12]
7) Der dämonischen Gebundenheit, gegen die klärend die lichtende Kraft Gottes wirkt, bewusst zu werden: „So ist es mein Harren und Hoffen, dass ich nicht zuschanden werde: vielmehr der Messias in allem Freimut, wie allezeit so jetzt an mir leibhaftig, groß gerühmt werde – sei es durch Leben, sei es durch Tod".[13]

Die Sünder leben mehr oder weniger ausschließlich im Irdischen. Die Begegnung mit Jesus erweckt in ihnen die Hoffnung für das Überirdische. Dies, obwohl ihr Spiegel schmutzbedeckt ist, können sie ihr Vergreifen am Leben wahrnehmen und bereuen. In religiöser Einbildung leben dagegen die sogenannten Gerechten im Schein-übersittlichen und diskriminieren die Sünder um ihrer angeblichen Heiligkeit willen. In ihrem religiösen Gebaren sind sie trotz ihres Missgriffenseins überzeugt: bei uns geschieht es zur Ehre Gottes. Es gilt wohl bis heute: ihr missverständliches Überzeugt-sein lehnt die sogenannten Sünder ab. Letztlich zeigt es sich in aller Klarheit, wo sie wirklich stehen: *wie wir es sehen beim Hinausschmiss Jesu.*

Wie heikel das religiöse Praktizieren sein kann, legt uns Jesus offen. Ihr Schuld-bewusstsein kümmert sich bereitwillig, sofern man alles in guten Händen trägt, d.h., angesehen wird. *Was hier versteckt wirksam ist, ist der Eigenwille:* soweit sein religiöses Handeln derart bestimmt ist, rechtfertigt sich damit dieses Vorgehen. Wir schonen unser So-sein willentlich zu pflegen und suchen uns damit die Gewissheit zu verschaffen. Wie kann man dieser Fallgrube entkommen? Nur demjenigen, der zu einem Nichts werden kann, ist das Öffnen des Tores ermöglicht: „Ich – all denen ich Freund bin: die weise ich zurecht und erziehe sie. Sei also eifrig und kehr um. Da! Ich stehe an dem Tor und klopfe: Wer auf meine Stimme hört und das Tor öffnet, zu ihm trete ich ein, und mit ihm halte ich Mahl – und er mit mir“.[14]

Das Labsale des Leibes, der Körper des Fleisches ist die Verabsolutierung des elementar weltlich Versinnlichten. *Die Augenweide des Geistes* ist die Differenz, in ihrer Finsternis ist unser Wahr-nehmen verankert und so ergriffen. *Der Hunger nach Macht* trifft die Seele, dessen Identität des luziferisch vorgetäuschten Verweisens auf die Lebens-Quelle zielt, um sie zu verfügen: „Wenn du deiner Seele ihr Gier-verlangen erfüllst, wird sie dich zum Triumph deiner Feinde machen“.[15]

Der Versucher weckt in uns die Begierlichkeit auf drei Ebenen:

X) Dem Anschein des leiblichen Bestands muss sich alles unterordnen. Denn die zunächst innerweltlich verabsolutierte Demenz ist das, was den Bedürfnissen des vergöttlichten Leibes zu entsprechen trachtet.

Y) Das Vermögen – was ich weiß, kann und bin – unter Beweis zu stellen, ist das sich verselbständigte Bewusstsein. Es überhebt sich maßlos in seinem vermögenden Anspruch, erliegt seiner ich-zentrierten Einbildung und erkennt nicht, in welcher Finsternis es sich bindet; das ist der niedere Seelenteil, von uns genannt die Differenz.

Z) Der obere Seelenteil – die Identität der Kern-$_F$ – ist verfremdet. Aus ihrer Beziehung zur Differenz erwacht in diesem Ansinnen das Schein-leben, welches das Geheiligte hier zu verfügen trachtet. Das ist der Ehrgeiz nach der Hegemonie, bewirkt aus dem ursündlichen Virus. Uns da heraus zu führen und zu heilen, dafür hat sich Jesus hingegeben, denn: „Der Habsüchtige ist nicht zufrieden mit dem, was er hat, die Begehrlichkeit trocknet die Seele aus“.[16]

Zwei Welten sind in uns, niemand kann hier entkommen: der Beweggrund unseres Seins führt zum Leben, der Abgrund im Ringen, der für sich uns zu verfügen trachtet, führt in den Tod. Um uns heimzuholen, kam Jesus als das Licht in die Welt. Luzifer kam in Neid gebannt, und zwar verfinstert als verhüllttragendes Geschöpf, um den Heilsplan Gottes zu zerstören. Demzufolge ist das Erlösungs-werk in den ganzen Kosmos mit einzubeziehen. Nur in diesem Ausmaß ist das Vollziehen unseres Glaubens-Weges zu bestehen. Vom Geist des Himmels durchdrungen will unser Licht dem Dunklen im Gegenüber sich erhellen, wenn das Innerste mit dem Gegenüber kommuniziert. Die Kraft im verkündeten Wort – seine Wirksamkeit – ist die reifende Heilkraft; ist dies nicht anerzogen, dann wird das Diametrale zertreten und weggeworfen.[a] In Christus ist eigentlich das All-samt bewirkt, Ihm widersteht der luziferischer Eifer, der das Greifbar-geschaffene mit seiner Handhabung für sich dominiert und danach trachtet, uns zu verführen: „wo ihr Wurm nicht stirbt und das Feuer nicht lischt“.[17]

Anmerkung

Anm. a: „Denn: Jeder wird mit Feuer gesalzen werden. Gut ist das Salz. Wenn das Salz aber unsalzig wird, womit wollt ihr es würzen? Habt Salz in euch! Und: Haltet Frieden untereinander“.

45 Das erlösende Morgenrot: es erweckt unser Verbunden-sein durch Jesus-Christus

„Alles ist mir von meinem Vater übergeben. Und keiner kennt, wer der Sohn ist, denn der Vater – und keiner, wer der Vater ist, denn der Sohn, und je wem der Sohn es mag enthüllen“.[1] Ein Erlöst-werden kann niemals getrennt vom Sich-aufzehren unseres In-der-Welt-seins geschehen, denn dies bedingt unser Sich-begeben in das All-samt: „Wahr, ja wahr ists, ich sage euch: Wer nicht durchs Tor in die Hürde der Schafe hereinkommt – sondern sonst woher darübersteigt – der ist ein Dieb und Räuber. Wer durchs Tor hereinkommt, der ist Hirt der Schafe“.[2]

Alles, was unser wahres Frei-werden betrifft, bedarf der Offenlegung des Schaden-stiftenden, was uns leider vielfach kaum bewusst ist: „Alles ist gehört. Fürchte Gott und halte seine Gebote! Denn das ist die Pflicht jedes Menschen. Gott bringt alles Tun vor das Gericht, alles Verborgene, es gut oder böse war“.[3] Wir leben in der Welt mit einem Doppelt-bewirkten, dessen Verursachen sich absolut widerspricht. In unserer Lebens-Zeit aber tendieren wir – trotz allem – ein In-einender vereinigt zu finden. Dessen Billigen geschieht durch unser tief geschädigtes Wahrnehmen, das in seinem Verfügen amtiert. Die ausgebeutete Energie des seelischen Impulses bewältigt unser Verfügen-wollen. Das In-der-Welt-sein ist in unserem Haben-wollen von einer versinnlichten Kraft gesteuert, die unser Vermögen weit übersteigt.[a] Hier ist das Trügerische zu sehen, das uns das himmlisch vermachte Sein in *das pseudo In-eins* zu bringen trachtet. Es ist uns nicht möglich, solch ein Verursachtes zu bewältigen, ohne dass wir dafür in das In-eins münden: „Ich erkannte: Alles, was Gott tut, das ist für immer. Dem gibt es nichts hinzuzufügen, und davon ist nichts wegzunehmen. Gott hat es so gemacht, dass man Furcht vor ihm habe“.[4]

Um befreit zu werden, ist das für uns endlich nötigende Geschehen zu erfassen, ja wirklich wahrzunehmen: „Was ist, ist schon längst gewesen, und was sein wird, ist schon lange da, und Gott liebt den Verfolgten“[5]: Dafür müssen wir ringen bis in den Grund unseres Seins:

a) *Luzifer* – der dem Himmlischen widerstrebte *mit seinem Nein* – stürzte mit all seinem Anhang vom Himmel und entwürdigte das All-samt der Schöpfung, ja ihren Frieden im Garten Eden. Wir müssen klar sehen, dass wir dem luziferischen Wirken nicht zu entkommen vermögen, denn sein ursprüngliches Sein war dem Göttlichen nahe und deshalb hat er Kräfte in sich, denen wir nicht gewachsen sind;
b) *Maria* – ihre Geburt ist unberührt vom Sündenfall – ist frei vom Befleckt-sein. Ihr geeintes Sein war vom Sturz des Luzifers nicht antastbar, mit anderen Worten, sie war mit Leib und Seele rein im All-samt geboren und hat sich selbst gänzlich hingegeben. Vom Heiligen Geist überschattet, hat sie *mit ihrem Ja* Jesus entbunden. Im In-eins mit Ihm vermag sie zu büßen und – geführt von Ihm – uns das Heil-bringende zu gewähren;[b]
c) *Jesus* – dem himmlischen Vater gehorsam – hat die menschliche Gestalt angenommen, um in der Welt für uns Menschen das Heil-bringende zu wirken. Er führt uns ins In-eins mit dem All, dies, indem wir Ihm uns fügen, um das Ihm Abirren zu lösen. Das uns selbst Fügen führt *in unser Nein,* dessen Folge von uns leidend zu überwinden ist. Nur so werden wir vereint in das All-sein des Lebens aufgenommen.[c]

In der Bundeslade im alten Testament war die Gegenwart Gottes in ihrem Erlassen zeichenhaft versinnbildlicht. Im neuen Bund ist das Zeichenhafte in Maria – indem sie Christus durch ihre Reinheit trägt – im Ermessen des Göttlichen gegenwärtig geworden. Das im Herzen eingeschriebene Gesetz ist durch die Sünde verdunkelt, welches durch Maria wieder aufleuchtet. So kann selbst ein durch die Sünde Todgeweihter

– wie es ist –, der nicht in den Himmel aufgenommen werden sollte, sich wenden. Der Stachel der Sünde ist in Maria – mit dem Sein ihres Sohnes aufs innigste verbunden – überwunden. In allem Geschaffenen gründet das Unvergängliche, das an uns offenbar werden soll: „Denn die ganze Schöpfung wartet sehnsüchtig auf das Offenbarwerden der Söhne Gottes“.[6]

Die in der Schöpfung waltende Hoffnung ist in ihren Geburtswehen von der Sklaverei des Verloren-seins zu befreien: „Die Schöpfung ist der Vergänglichkeit unterworfen, nicht aus eigenem Willen, sondern durch den, der sie unterworfen hat; aber zugleich gab er ihr Hoffnung“.[7] In Maria soll sichtbar werden, zu welchem Ziel durch Christus die Menschen berufen sind, nämlich ebenbildlich zu Gott uns zu kehren, was aus der Größe Gottes, seiner Barmherzigkeit und seiner ewigen Treue zu verwirklichen ist: „Wenn also jemand in Christus ist, dann ist er eine neue Schöpfung. Das Alte ist vergangen, Neues ist geworden“.[8]

„Seht das Lamm Gottes, das die Sünde der Welt hinwegnimmt“.[9] Was ist Sünde? Der Sündenfall hat aus Neid Luzifers – Gen 3,1ff – damit begonnen. Das zerbrochene In-eins ist durch sein Widerstreiten in der ganzen Schöpfung hinterlassen: „Ich sah: alles Bemühen und aller Erfolg ist nur Eifersucht des einen gegen den anderen. Auch dies ist Nichtigkeit und Haschen nach Wind“,[10] Zwar ist der Mensch allein zur Ehre Gottes geschaffen, nun aber erwacht in ihm der Ehrgeiz, das Eigene zu suchen, was in Sünde mündet; alles, was wir sonst Sünde nennen, ist nie etwas Partikulares, sondern es trifft immer das All-sein, letztlich ist es Gott.[11]

Unser Vergehen durch die Fehltritte setzt das Leben abhold und verweigert ihr ursächliches Not-ergreifen. Das vergöttlicht-verdinglichte Verfehlen trifft die Inkarnation Jesu, deren Ziel sich von Abraham, Moses und den Propheten offenbart. Nach seiner Auferstehung entfacht sich unser Zuverantworten, was aber *die Botschaft mit dem Vater im Heiligen Geist* verschiedentlich umgeht. Wenn wir dann fragen, was lässt uns leben, so ist es das Energiefeld der Schöpfung. Jedoch, vergessen wir nicht den Schöpfer, der all-gegenwärtig unser Atem wirkt: „Die Wurzel der Weisheit ist: den Herrn zu fürchten; und ihre Zweige sind der Tage viele".[12] Wir aber suchen erneut das Ausweichen, ja sogar den Hader, der sich gegen die himmlischen Kräfte stellt.

Wie nimmt Jesus das Sündhafte der Welt hinweg? Indem er sich ganz dem Willen des Vaters hingibt. Und wir? Alles ich-hafte Wollen – anstatt uns der Ehre Gottes zu stellen – verrät unser Verantworten, denn in dieser Haltung lässt sich das Übersinnliche außer Acht. Solch ein Ausüben prägt kein Wirkungsvermögen, um das Zu-vermittelnde zu teilen. Das verdinglichte Leben, das nur für sich selbst teilhaben will, ist in Wirklichkeit der Tod. So ist das Vermitteln Jesu dem Ich-bezogenen ausgeschlossen, denn das verweigerte Verantworten ist dem Glaubens-weg abgeneigt.

Gerecht ist der Himmel und durchschaut die Einheit allen Lebens. Unser Gerecht-sein ist damit bemessen, dass alles ohne Selbst-täuschung und kein Ich-anhaften zur Ehre Gottes durch uns geschieht. Die wahre Demut wird geboren im Verbundensein mit dem All-samt, die uns zur Einsicht führt, dass *ich aus mir selbst nichts bin*. Alles, was sich etabliert als Mein-eigen, ist dagegen nicht frei vom belasteten Gebaren. *Die trügerisch demaskierte Demut*, hinter der sich Stolz nicht nur verbirgt, sondern sein Unwesen treibt, stiftet großen Schaden. Im Konfrontiert-sein mit den Abgründen unseres Daseins will der wahre Glauben wirksam werden, denn nur so kann das unser Lebenverfügende zu einem Ableben kommen: „Wer den Herrn fürchtet, handelt so, und wer sich mit dem Gesetz befasst, erlangt sie [die Weisheit] … Sie speist ihn mit dem Brot der Klugheit und tränkt ihn mit dem Wasser der Einsicht".[13] So lässt die Weisheit dem Menschen seine Nichtigkeit erkennen. Nun weiß er, dass er mit all seinem ihm Gegebenen darauf verwiesen ist, es in die Hände seines Schöpfers zu legen. Übergibt er sich dem Leben-spendenden, dann lässt Er alles in seine Hand legen, auch das Böse. Auf diese Art kann der Glaubende die Hilfe von und durch Jesus bekommen. Daher, wenn wir all unser Tun und Lassen auf Ihn setzen, kann unsere Not überwältigt werden. Echter, ja aufrichtiger Glaube gründet in demütiger Hoffnung. Unser Stolz aber schließt die Tür zum Himmel.

„So spricht Jahwe: Wahret das Recht und übet Gerechtigkeit, denn schon ist nahe mein Heil, und bald offenbart sich meine Gerechtigkeit“.[14] Wer innerweltlich sich aufrecht verhält: seine Arbeit so tut, dass er ganz dabei ist, dann scheint seine Verhaltensweise in Gedanken, Worten oder in der Tat ausgeglichen zu sein. Solch eine bloß innerweltliche Aufrichtigkeit: *ist das alles*? Wir Menschen sind leider nicht fähig, die Tiefe des Herzens zu durchschauen. In dessen tragenden Grund vermittelt Jesus das überirdische Wahrnehmen, damit in uns das rechte Urteilsvermögen erwache, unser Glaube reife und seine Früchte trage. Dies ist Jesu Botschaft in ihrem Vermitteln für uns alle. Wie unverständlich ist sie doch für uns! Denn selbst die Jünger Jesu blieben bis zu Seinem Weggang im sinnlichen Wahrnehmen gebunden. Erst durch den Empfang des Heiligen Geistes sind sie erwacht. So gesehen ist es kein Wunder, dass wir Seine Botschaft weitgehend nur sinnlich wahrnehmen; ein überdies Hinaus ist kaum möglich. Darin liegt die Ursache im Missverständnis der religiösen Praxis: dies zeigt auch das Gespalten-sein im sektiererischen Streit mit dem Besser-wissen. Im Offenlegen der Weisung Jesu wird sie irdisch anstatt überirdisch interpretiert. In Wirklichkeit aber berührt Jesus mit seiner Botschaft den Kern unseres unvergänglichen Lebens. Erst wenn uns durch Ihn das innere Auge erweckt wird, dann werden wir fähig, das, was Er uns sagen will, wirklich aufzunehmen und gemäß dem Willen des himmlischen Vaters zu bestehen. Dabei dürfen wir den folgenden Tatbestand nicht vernachlässigen: wer vom Himmlischen redet, muss auch das Höllische im Auge haben. Erst dadurch wird die geduldige Barmherzigkeit Gottes sichtbar, mit der Er die Sünde erträgt und auf sich nimmt, um die Sünder zu erlösen.[d]

Den Armen die Heilsbotschaft zu verkünden: die Armen sind hier nicht die, die nichts zu essen haben, das ist zwar nicht gut, aber wenn wir unser In-der-Welt-sein als Ganzes betrachten, dann sind wir die Armen. Das irdische Dasein ist begrenzt, das Überirdische jedoch – was in uns grundgelegt ist – ist ewigen Ursprungs. Wohl denen, die erwachen und das Überzeitliche mit dem Zeitlichen nicht vertauschen.

Den Gefangenen die Befreiung zu vermitteln: gefangen sind gewöhnlich jene, die unrecht tun, davon redet Jesus nicht. Gefangen ist der Mensch, der das irdische Dasein verabsolutiert: das uns Vermachte des Vaters im Himmel, was uns eigentlich leben lässt, wird zur Seite geschoben und spielt vielfach keine Rolle im täglichen Wirken. So setzt er sich auf den Thron Gottes und bestimmt alles selbst. Wer das innerweltliche Dasein – sein Leben – in Besitz nimmt, ja, es sich vermacht, begeht eigentlich der Beraubung, ohne sich dessen bewusst zu werden.

Den Blinden das Augenlicht zu schenken: das blinde Augenlicht ist nicht das Kranksein, nein, Jesus redet vom inneren Auge. Nur dies erfasst im Wahrnehmen unser tiefer liegendes Ganzsein. Mit dem inneren Auge sehen zu können, dafür muss der Mensch von aller Verschmutzung sich reinigen, so dass ihm das Leben geschenkt werden möge. Ist der Seelen-Spiegel verschmutzt, wie kann er dann das Wahre ihm noch spiegeln. Wer tiefer in das Leben schauen will, um dem entsprechend zu handeln, muss sich reinigen bis in seinen Seelen-grund.

Die Zerschlagenen in Freiheit zu setzen: was ist wahres Frei-sein? Die Versuchung für uns Menschen ist übergroß, das Frei-sein zu wählen, indem wir selbst die Wählenden sind und dies möglichst absolut zu entscheiden trachten. So jemand gibt dem Vermacht-sein von unserem wahren Vater kaum eine Chance, darauf zu hören, denn er meint zu wissen, wie er dementsprechend handeln muss: sein Pseudo-frei-sein ist eine Lüge, denn das Ergebnis führt seine Ego-pflege – ohne zu wissen – in das Reich Luzifers.

Wieder ganzheitlich heil zu werden, ist das Streben Jesus. Die Kräfte hierfür aktualisiert Er, indem die Seelen-Kräfte freigelegt werden durch den Abbau des ihnen Widerstreitenden.

Nur dadurch, was uns der Vater im Himmel vermacht, können wir in das In-eins zurückfinden: „Er schuf am Anfang den Menschen und überließ ihn der Macht der eigenen Entscheidung. Wenn du willst, kannst du die Gebote halten, und Treue zu üben liegt in deiner Macht“.[15] So muss der Vertausch des Un-eins mit dem In-eins sich einlösen. *Un-eins ist die Welt durch Luzifer, denn er entkeimt und missbraucht das In-eins für sein In-eins im Un-sein.* Hierfür muss in uns all das Sündhafte schwinden, um das In-eins in uns Einkehr zu halten:

> „Der Geist des Herrn ist auf mir,
> weil er mich gesalbt:
> Armen Heilsbotschaft zu bringen,
> hat er mich gesandt. Gefangenen Freilassung zu künden,
> Blinde aufblicken zu lassen,
> Unterjochte in Freilassung zu senden,
> anzukündigen das Jahr, das willkommen ist dem Herrn“.[16]

Alles Leben gründet in der Unsterblichkeit, dem absoluten Sein. Das, was besteht, bleibt in alle Ewigkeit. Auf dieser Heilsbotschaft hin fängt Jesus an zu sagen: „Heute ist erfüllt worden dieses Sprichwort, das ihr in den Ohren habt“.[17]

Das, was in unserer Seele verborgen liegt, ist durch die Sinne nicht wahrzunehmen: „Vor dem Menschen liegen Leben und Tod, was er will, wird ihm gegeben. Reich ist die Macht des Herrn, er ist stark an Macht und sieht alles“.[18] Unser Vorstellen in Gedanken, unsere Wünsche und die Geistes-zustände bleiben weitgehend im Vergänglichen. Jesus kam, um das Unvergängliche uns offen zu legen, ja uns zu befreien von all dem Miss-verstehen, das uns das Leben nimmt. Unser sinnliches Wahrnehmen betrügt uns vielfach und doch verbleiben wir darin tiefer gebunden als wir ahnen: „Niemandem hat er befohlen zu freveln, und keinem Erlaubnis gegeben zu sündigen“.[19] Das Entziehen von der Botschaft Jesus wird vielfach ausgeübt. Anstatt Ihn anzunehmen, lehnen wir Ihn ab. Ja damit lehnen wir uns selbst ab, ohne uns dessen bewusst zu werden. Dies: weil wir den Schein-frieden wie bisher haben wollen, ist die Blutschuld dafür befugt. Wir haben hier ein niederfallen in unsere Blindheit, denn nicht die himmlischen Kräfte haben den Vorrang, sondern wir selbst beanspruchen zu wissen, was recht und gut für uns ist.[e]

Anmerkungen

Anm a: Einsehen zu müssen, was das Leben zu verderben trachtet, ist das Böse. Mit seinem Zugreifen strebt der Satanismus danach, sein Begehren siegesgewiss einzulösen. Da keimt eine erste Ahnung, was die Erbsünde ist und was die Erlösung durch Christus bedeutet: „Siehe, du unbegreiflicher Mensch, ich will dir den rechten Grund der Gottheit zeigen. Wo dieses ganze Wesen nicht Gott ist, so bist du nicht Gottes Bild; wo irgend ein fremder Gott ist, so hast du kein Teil an ihm. Denn du bist aus diesem Gott geschaffen und lebest in demselben, und derselbe gibt dir stets aus ihm Kraft, Segen, Speise und Trank".[20]

Anm b: „Die Hinneigung zum Nein macht das Auge hellsichtig, den Verstand scharf. Und doch gibt es eine Art von Erleuchtung, die weit einsichtiger und weiser ist als Schärfe der Verneinung … Die Voraussetzung echter Erkenntnis, wahren, gerechten Urteils ist das Ja der Liebe; denn nur dieses Ja erreicht das Sein. Die Verneinung bleibt im Netzwerk der Zerstörung haften, das Satan über die Schöpfung geworfen hat".[21]

Anm c: „Er ist das Ebenbild des unsichtbaren Gottes, der Erstgeborene der ganzen Schöpfung. Denn in ihm wurde alles erschaffen im Himmel und auf Erden, … in ihm hat alles Bestand".[22]

Anm d: Rufen wir das Erbarmen des Himmels auf uns herab. Ewiger Vater: gib, dass wir unserer Verantwortung für alles Geschaffene bewusst werden. Lass uns nicht erliegen im täglichen Widerstreit der Kräfte und Mächte, sondern in allem deine Wahrheit suchen. Erwecke die in uns grundgelegte Sehnsucht, um mit allem und allen zu dir heimzufinden: „Gott der Vater und Herr des Erbarmens, der du das All durch dein Wort geschaffen und durch deine Weisheit den Menschen gebildet hast, dass er über die von dir hervorgebrachten Geschöpfe herrsche, die Welt in Heiligkeit und Gerechtigkeit leite und in aufrichtiger Gesinnung regiere".[23]

Anm e: „Keiner, der versucht wird, sage: von Gott werde ich versucht; denn Gott ist unversucht vom Übel; er selbst versucht keinen. Ein jeder wird von seinen eigenen Begierden versucht – fortgerissen und verlockt. Dann wird die Begierde schwanger und gebiert Sünde; die Sünde aber – kommt sie zur Reife – bringt den Tod hervor".[24]

46 Das Wirk-feld unseres Erbeutens: jeder Art des Zerstreuens bleibt ein Ausfluss dessen Wirkens

„Und das ist die größte Pein der Verdammten, dass sie den Himmel in sich vorhanden wissen und niemals hineingelangen werden".[1] Unser Hin-blick ist hier Leben und Tod. Das Leben in seinem innersten Wesens-Kern ist das gänzlich Freigewordene, das keinerlei Begrenzungen unterworfen ist, ja, so ist der Tod zu bändigen. Dies bedingt das Annehmen des Schöpfer-Willens, das in Übereinstimmung mit dem Leben an sich einem tiefen Reifungs-prozess unterliegt. Um das, wo es um das All-samt geht, einzulösen, ist das In-eins in jeder Hinsicht von uns gefordert. Ist das Gefordert-sein verweigert, so kann es uns ins Ableben führen.[a] Die Folge des Entgegen-gesetzten zum Sein mündet ins Unerfüllte und endet für uns in der Lebens-lüge: „Ihr bittet und empfangt doch nicht, weil ihr auf üble Weise bittet, um es in euren Lüsten zu vergeuden".[2]

Paulus sagt: „Verschlungen ist der Tod im Sieg. Wo ist, o Tod, dein Sieg? Wo ist, o Tod, dein Stachel?"[3] Hier ist die Heilsbotschaft verkündet, wie das Sterbliche in die Unsterblichkeit münden kann. Er legt hiermit unser Verhalten offen: „Dank sei Gott, der den Sieg uns schenkt durch unseren Herrn Jesus den Messias. Deshalb… macht euch standfest, unverrückbar, euch selbst übertreffend im Werk des Herrn allezeit, da ihr wisst, dass *In-eins* mit dem Herrn eure Mühe nicht leerer Wahn ist".[4]

Zwei Seins-weisen bestimmen unser Sein: das Erdgebundenwirkende – die Differenz – und das Geisterfüllt-wirkende – die Identität – ihre Wirkweise ist einerseits Seite an Seite, andererseits doch klar unterschieden. Um *sowohl das Zueinander als auch den Widerspruch* zu lösen, dafür sind wir im Erlangen des All-samts ausgesetzt. Worin kann dies seine Integration haben? Letztlich nur in der Weisung des Lebens, nämlich in Christus. „Halte fest an der Weisung, lass nicht davon ab! Bewahre sie, sie ist ja dein Leben“.[5] Aber auch – und hier gilt es wach zu werden – das Böse bietet sich für die das Leben zerstörenden Kräfte an, um die geforderte Integration auf dem Weg einer täuschenden und das Leben unterwandernden Schein-Ordnung zu übernehmen: „Doch der Frevler Weg ist wie dunkle Nacht, so erkennen sie nicht, worüber sie straucheln… Mit der größten Vorsicht hüte dein Herz, von ihm geht ja das Leben aus!“.[6]

Die Natur spiegelt uns gleichnishaft mit ihren Gaben den einzuschlagenden Weg. Je nach dem Erdreich, dem Klima und der kosmischen Strahlung gibt uns der Himmel eine differenzierte Fülle dessen, was unser Leben erhält. So will es auch mit uns sein: unsere Wurzel im Grund, woraus wir geboren werden, ist allen differenzierend in natürlicher Weise eigen. So spiegelt sich der Schöpfer in unserem Wurzel-stock, ja, das Sich-einende leuchtet uns in der Schöpfung selbst auf. Diesen Beweggrund in ihr zu entdecken, befreit uns kooperativ die Urkraft. Daher: *hütet euch vor aller Habsucht*. Denn das Gelangen zum Leben eines Menschen schwebt nicht am Wirken, sondern am Armen im Geiste vor Gott.

a) Herr, lass uns die Wege erkennen, die Du mit uns gehen willst;
b) Schenke Du uns das sichtende Herz von der Wahrheit und der Lüge;
c) Erfülle Du uns mit Dankbarkeit für das uns geschenkte Leben.

Die Hilfen hierfür sind uns ungebleicht gegeben, das Tun liegt nun bei uns.

Die Altersstufe vor uns konnte sich kaum vorstellen, was wir derzeit an einem Wechsel erfahren. Das, was noch kommen wird, können wir – sein Ausmaß – keinesfalls erfassen. Die Lebens-umstände fordern von uns, dass wir mit unserem Glauben tiefer Wurzel fassen: denn das uns geschenkte Leben ist uns nicht eigen. Und wo sind wir damit gelandet! Mit der Aussicht, dass das menschliche Leben derzeit ständig floriert, haben wir wohl kaum eine Chance, den versühnenden Weg mit Jesus noch zu gehen. Die Affronts des Kollektivs sind nicht zu übersehen im Übernehmen des Lebens, um es dem Zeitgeist zu verfügen. Der scheinbar wahr zu Fügende ist der Vater der Lüge, der sich nicht zu erkennen gibt, ja, dessen Macht wir uns deshalb völlig übergeben. Daraus folgt für uns eigentlich der Tod. Unsere Unentschlossenheit – vielfach praktiziert – ist absolut als ein Fehlverhalten zu erkennen, das seinen Preis kostet: uns dem Tod auszuhändigen.

Im strahlenden Licht erschienen Moses und Elija auf dem hohen Berg Tabor. Sie sprachen mit Jesus, wie sich sein Weggang in Jerusalem – nach dem Willen des Vaters – vollenden soll. Jesus wusste, was da kommen wird, um den Himmel für uns wieder zu öffnen. Das Öffnen des Himmels erlebten die drei Junger, die Jesus begleiteten, indem sie die Dementi des himmlischen Vaters vernahmen: „Das ist mein Sohn, der Geliebte, an dem ich gefallen habe. Hört auf ihn!“[7] Die Verwirklichung dessen Erbarmens löst Jesus am Kreuz, indem Er mit gewaltiger Stimme rief: „Mein Gott, mein Gott, warum hast du mich im Stich gelassen!“[8] Das Im-stich-gelassen ist nicht Jesus, sondern die Bedürftigen, deren Sündhaftigkeit Jesus – aufgrund der Aussöhnung – durch Sein Opfer erleidet. Deshalb: wer – wie der Schächer am Kreuz – wahrnimmt, dass sein sündhaftes Verhalten nicht das Letzte sein kann, ja sein Vertrauen auf Ihn verweist, dem kann das Verzeihen wohl wirksam werden. Im Sich-selbst nicht zu bleiben, ist der Weg, der heimführt zum Vater. Auf diesem Weg kann Jesus den Leidenden – wegen ihrer Sünden – helfen. Dagegen finden diejenigen, die ihr sündhaftes Verhalten verdrängen und blindlings erstreben, keinen Zugang zu Jesus, dem Urheber des Lebens. Er strahlt in seiner Gegenwart das Leben-spendende, so dass die Sünder, die um Ihn sich wenden, selbst schauen, ja plötzlich wissen, wie es um sie steht: „Den Reumütigen hat er einen Rückweg gewährt, und er spricht denen zu, die die Hoffnung verloren. Kehre dich zum Herrn und lass ab von der Sünde, flehe vor ihm und beseitige das Ärgernis“.[9]

Das Sein ist wahrlich gegeben,
im All-samt möge es weben,
um uns immerzu im Geben
sicherlich gewahrt zu leben.

Der Weg von und zum All-samt ist aussöhnend, denn er lässt uns allemal im Gegenwärtig-sein bestehen. Jedoch, derzeit berauscht überall das entgegengesetzte Verfügt-sein, das uns zum Überzeugen führt: es entspräche unserem Wohl, welches unser Leben stützend erhält. Ausgeliefert sind wir fraglos dem Kollektiv, gezwungen mit zu schreiten. Nicht im Machen, sondern im Sich-geben besteht das Leben.

Dem All-samt seid kein Stein,
sein Wahr-gegeben ist das Sein,
webend wird's sagend streben
das erfrischend lässt uns leben.

„Man verlässt sich auf Gott nur, soweit man sich selbst verlassen hat“ (Maurice Blondel). Begrenzt ist unser Gefangenhalten, um das Wollen im Selbst-sein zu bestimmten. Unwissend zeigt es sich im Eigenwillen, der uns das Leben vergeudet und dessen Art von Vernunft uns betrügt. Das für uns sein soll und will, weiß nur der überirdische *All-vater*. Wir jedoch sind der Lüge näher als der Wahrheit. Folglich geht es für uns darum, vom absolut sinnlichen Erkennen entbunden zu werden, denn nur so kann die Botschaft Jesu in uns wirken. Das von Jesus uns zugewiesene Lichten lässt uns in allem des Vaters Wollen erkennen. So können wir Ihm folgen und das uns vermachte Sein im Lebens-Quell als unser Domizil finden. Das himmlisch zugewiesene Erbarmen rufe auf uns herab: Ewiger Vater, gib, dass wir uns verantworten für all das Zu-bewirkende, ja, dass wir nicht erliegen im täglichen Widerstreit der Kräfte und Mächte, sondern in allem das Fürwahr-halten suchen. Das unbeschmutzte Erleiden will uns in das göttliche Geneigt-sein führen. Wir aber suchen nicht das Erdulden, sondern *das Mein und Ich, ja das Mir und Mich*. Dies hindert uns, das Vorrecht dem himmlischen Vater für unser Wirken einzulösen. Und doch gilt nach wie vor: es belebe das in uns gründende Streben mit dem Allsamt, um zu Dir zu finden. Denn nicht der Eigenwille erhält unser Leben, sondern die in allem gründenden Kräfte, die gemäß des in uns gegebenen Lebens wirken: sie sind allem im In-eins zwingend. Je weniger wir an uns selbst haften, desto mehr können wir uns durch die himmlischen Kräfte öffnen, so dass das In-eins allen Seins wahrgenommen wird: „Kehre zum Allerhöchsten zurück und wende dich von der Ungerechtigkeit, ganz entschieden hasse den Gräuel. ... Wie groß ist das Erbarmen des Herrn und die Nachsicht gegen die, die sich zu ihm wenden".[10] Deshalb mahnt Jesus: „Sorgt euch nicht um euer Leben".[11, b]

Unser weltlich-irdisches Sich-ereignen ist wirklich ein Teil des schöpferischen Seins, was trotz des von Luzifer vermacht-verübten Ablaufs das geheiligte Entstehen in Stille sich tragt: „Das sehnende Verlangen der Schöpfung wartet auf die Enthüllung der Söhne Gottes. … Wir wissen ja, dass die ganze Schöpfung allzumal stöhnt und allzumal in Wehen leidet bis zum Jetzt. Aber nicht nur sie! Nein, auch wir, welche die Erstlingsfrucht des Geistes innehaben – auch wir selber stöhnen zuinnerst, auf die Sohnschaft wartend: den Loskauf unseres Leibes".[12] Mit dem All-samt ist es das schöpferisch-wache Gut, das die Kreation insgesamt vor ihrer unterworfenen Nichtigkeit – der Knechtschaft des Verderbens – in voller Klarheit besaß. „Denn: Aus ihm und durch ihn und auf ihn hin ist das Allsamt".[13] Wenn wir das von Jesus Gebotene ernst nehmen, dann haben wir den Ursprung, aufgrund dessen die Unwahrheit uns nicht mehr weiter-zu-tragen wagt.

Obwohl der Sünden-Fall die ganze Schöpfung traf, blieb sie – allerdings angeschlagen – doch erhalten. Dieses Erhaltensein nennen wir das All-samt, denn das ist es, woraufhin wir unser Mensch-sein auffinden können, wenn wir uns demzufolge läutern. Ist das nicht doch mehr als ein Bereichern unseres Glaubens-Wegs? Denn das Läutern trifft das Hindernis unseres sinnlichen Wahr-nehmens und öffnet uns für das Wahr-sein. Das Sehen mit den Augen ist sinnlich gebunden, wer aber das Geschöpf im eigentlichen Sinn das All-samt erwirkt, für den ist das ins Auge Gefasste im ursprünglichen Anschein wesenhaft *lebend wahr zu nehmen*.[c]

Anmerkungen

Anm. a: „Wo die Gerechtigkeit ist, folgt notwendig auch das Leben und tausenderlei Gutes, während dort, wo die Sünde wirksam ist, der Tod herrscht".[14]

Anm b: Obwohl in einem Fehl-verhalten sich die handelnde Person selbst trifft, kann und will sie es doch nicht wahrnehmen. Da jegliches Handeln immer das Ganze tangiert, schaut man wie in einem Spiegel die Konsequenz des Tuns. In aller Regel bleibt man aber bei der Spiegel-sicht, anstatt nach dem Wahrhaben-wollen zu greifen. Der zu gehend-reinigende Weg öffnet uns das All-samt: nur wer dort ankommt, hat sein Da-sein gewonnen.

Anm. c: Das In-eins ist der Grundstock allen Lebens und trifft nicht nur unser Mensch-sein, sondern auch die ganze Schöpfung, das bis hinein in das himmlische Walten für uns ein Erschließen des Lebens in sich trägt. „Durch die Betrachtung der Geschöpfe wird die Seele mit Macht zur Liebe Gottes, ihres Geliebten, hingezogen bei der Wahrnehmung, dass diese Dinge durch Seine eigene Hand gebildet worden sind".[15]

47 Unser Versucht-sein: im Entweichen das anstiftende Gebären zu ergründen

„Weil du bewahrtest das Wort, meiner zu harren, werde auch ich dich bewahren über die Stunde der Versuchung hinaus, die über die ganze bewohnte Welt kommen wird: um zu versuchen, die auf der Erde wohnen".[1] Das Mensch-sein mit seiner Blindheit strebt nach dem Lügenhaften, das wir für wahr halten. Derartig sind wir in der lebensbedrohenden Situation vom Bösen befallen, die uns mit allen Mitteln zwingt, die Wahrheit des von uns eingeschlagenen Weges zu verlassen. Das erfolgreiche Mittel hierfür ist, mit dem Lebensimpuls zu hantieren, so dass die dunklen Mächte den Genitalbereich, der dem Seelengrund nahe liegt, beanspruchen. Ja, auf diese Art und Weise wird uns Menschen alles, was uns gegeben ist, um das Leben wahrlich zu verwirklichen, genommen: „Der Herr weiß die Frommen aus der Versuchung herauszureißen, die Ungerechten aber für den Tag des Gerichts aufzubewahren, damit sie bestraft werden – besonders die, die hinter Fleischlichem hergehen, durch Begierde befleckt, und die Herrenwürde verachten".[2]

Gerade im Genitalbereich sind zwei fundamentale Energiefelder. Das erste Feld davon ist das Heilbringende, welches das Teilhaben am Göttlichen ankündet, ja das Tragende in unserem Leben ist. Das zweite Feld versucht das Erste mit allen Kräften unter seine Obhut zu bringen. Absolut zu sein, ist sein Walten, denn dessen Pseudo-heil vermag uns zu binden. Sein Ringen ist mit allen Mitteln das Nachäffen des Ehrwürdig-umhüllten, um die Gegenmacht zu errichten. Alles soll auf seiner Seite sich bilden, denn sehr viel läuft dann durch das Blindmachen dessen, was uns Menschen genealogisch bindet. Deshalb: „Wacht und betet, dass ihr nicht in Versuchung kommt. Der Geist ist willig, das Fleisch aber schwach".[3]

Auf dem eingeschlagen Weg gibt es fünf Stufen, die wir vom Irdischen auf das Überirdische erlebend einzuholen haben, um letztlich sich selbst und so wahrlich das Göttliche zu erkennen. *Im Irdischen-Feld sind es drei Stufen,* die zu überwinden sind. Die erste Stufe ist das Sündhafte, das je nach dem, was es ist, im Körper seinen Zweig hat. Unser Widerspruch lagert durch den Blutfluss des Herzens an die jeweilige Stelle und stört damit die grundlegende Kommunikation. Die Zweite ist das Wirk-feld, aus dem das Egozentrische radikal abgebaut werden muss. Es ist die zentrale Station, in der das Selbst-sein-wollen wirkt, nämlich dessen Blindheit sich durchzusetzen trachtet. Die dritte ist das Entbinden des Selbst-sein-sollens im erkrankten Bewusstsein. Ohne das Gespeicherte aus seiner Blindheit ans Licht zu führen, vermögen wir das zuvor Nicht-erkannte nicht einzusehen.

Im Überirdischen-Feld sind es zwei Stufen. Die vierte Stufe ist, dass das Übersinnliche hier aktiv werden muss: es ist nicht mehr das Anfassende, nein, das Nicht-zu-fassende will die Tore des Übersinnlichen öffnen. Es geht um das Wahr-werden des von uns zu Gebenden. Für dessen Bereit-sein ist das Licht des Lebens zu erwecken und das Bewirken hierfür zu erschließen. Die fünfte Stufe ist die Selbsthingabe. Nur aus ihr wird der Mensch in Wahrheit fähig, gänzlich dem Willen des himmlischen Vaters sich zu neigen. Nicht mehr angefragt ist hier das Wahre, denn was sich zeigt, ist das freie Fließen der Lebens-Kraft: dies, indem das *Leben-Selbst* alles übernimmt, um im All-samt den entgegen-gesetzten Widerspruch zu überwinden.

All das von uns erzeugte Wider-Göttliche ist gesammelt im Herzen und demzufolge mit dem All-samt nicht ein In-eins. Von dort lässt es sich im Blut je nach dem Beschwernis in den Körper fließen. So ist unser Körper ein Speicher für das in uns sich-entfaltend Geschädigte. Der Prozess des Sich-läuterns ist der erste grundlegende Schritt, um dem Leben an sich auf die Spur zu kommen. Je geläuterter das Herz wird, desto inständiger lichtet sich das Verlangen des Bewusstseins, um aus seinem bisherigen Gefängnis befreit zu werden. In dem Maße, wie das Herz und so das Bewusstsein sich befreit, kann die Seele sich in ihrem Wirken gemäß dem Lebens-Impuls entfalten. Alles, was sie zuvor negierte und blockierte, mindert sich sukzessiv: ihr seelisches Befinden widerspricht dem In-eins mit dem All-samt nicht mehr. Dies ereignet sich durch das Auffrischen der inneren Energie: durch die Askese aber auch durch das intensive Streben nach dem völligen Sich-hingeben. Einer der Wege zum Sich-versenken ist das Trennen von dem, was dem Leben widerspricht. Hier ist die Grundlage für alle partikularen Übungen zu finden: „Weil also der Messias im Fleisch gelitten hat, bewaffnet euch mit derselben Gesinnung: Wer im Fleisch gelitten hat, für den hat sich die Sünde erledigt. Da dem so ist, lebt die euch übrige Zeit im Fleisch nicht nach menschlichen Begierden, sondern nach dem Willen Gottes.“[4]

Die wahre Gerechtigkeit, die uns als unübertreffliches Geschenk des Erbarmens gegeben ist, finden wir im oberen Seelen-teil. Wohl denen, die sich an diesem Wahr-nehmen und so am Leben nicht vergreifen! Die irdisch zu verstehende Gerechtigkeit ist über das instrumentelle Bewusstsein hinaus nicht aufzufinden, denn der niedere Seelen-teil vermag das Überirdische unseres Mensch-seins nur spärlich zu fassen. Ein Beweis dafür ist der missverständliche Missbrauch der Sexualität: sie führt uns zum *Verneinen des Lebens-Gesetzes*. Diese Verhaltungsweise gilt gesellschaftlich für legitim, ohne dessen Konsequenz uns bewusst zu sein. Hierdurch unterwirft der Mensch einem verdinglichten Anspruch nicht nur sich selbst, sondern auch die anderen. Mit diesem Geneigtsein beansprucht er die Legitimität bis in das Überirdische, welches er als ein Objekt deklariert. Unser Leben ist vielfach solidarisch verdinglicht, so dass es zugegen mit dem All-samt keine Spur zu finden gibt. Das ist eine genealogische Folge des uns manipulierenden sozialen Umfeldes, das uns das Seelische verfälscht diktiert. Überhaupt ist es die selbst gegebene Ordnung – eine Scheinmoral –, der wir uns zu unterstellen gezwungen sind.

Wollen wir als ein beglaubigtes Individuum leben und im Miteinander uns gegenseitig stützen, dann führt kein Weg daran vorbei, die uns gegebenen Vermögen zu entstören. Um daraus wahre Früchte zu tragen, ist es notwendig, dass jedes individuelle Vermögen übereinstimmend daran teilnimmt. Dies gilt auch für unsere Geschlechtlichkeit: anstatt sie zu verdrängen, ist sie in das Insgesamt der all anderen Vermögen gereinigt zu integrieren. So sollen wir den Ehebund als einen Weg des Wachsens und Reifens sehen: man schaut – gespiegelt im Gegenüber – zunehmend sich selbst, wodurch die eigenen Hindernisse offengelegt und davon befreit werden. Letztlich geht es um das authentische Identisch-sein unseres Lebens, und zwar daraus dem im Mit- und Zueinander zu wirken. Verstehen wir nicht: die Familie – Vater, Mutter und Kind – ist eigentlich ein Abbild des Trinitarischen! Für diejenigen, die in einer geistlichen Gemeinschaft – Familie – leben, gilt das zuvor Gesagte in gleicher Weise. Wie ist das zu verstehen? Das Trinitarische ist eben in unserer seelischen Struktur selbst abbildhaft grundgelegt. Es ist die Gabe Gottes, deren Verwirklichung uns zum Erwachen der Umkehr führt.

Es gibt im Menschen nichts, das nicht der Versuchung erliegen könnte. Auf unserem Glaubens-Weg erlahmen wir einer außerordentlichen Herausforderung. Deshalb kann sich unser Verlangen steigern, immer mehr zu wissen und zu verfügen, so dass wir ein Darüber-hinaus zusehends weniger in Frage stellen. *Das Mittragende unseres Glaubens ist vielfach verschwunden.* Unser derzeitiges Sozial-gefüge ist vielen von uns der Botschaft Jesu gegenüber eher stumm und das innerweltliche Angebot genügt ihnen. Denn das gegenwärtig noch überirdische Bewusstsein ist in seinem Rein-sein mit dem Irdischen vernetzt. Das wahre Mensch-sein ist zu einem Ersatz degradiert, zu einem Ergänzen für die Botschaft Jesu, die heute nicht mehr annehmbar zu sein scheint, ja aufgrund der neuen Welt nicht mehr mit einbezogen ist.

Was wird – ja kann nur – unsere Zukunft sein? Der Mensch muss fähig werden, das einzusehen, was ihm das Leben im eigentlichen Sinn sein will und sein kann. Dafür muss er frei werden von all dem, das ihn blendet und irritiert. Einerseits ist es *das Überwinden des sinnlichen Für-wahr-haltens*. Anderseits ist es *die Läuterung vom Befleckten unserer wahrnehmenden Vermögen*: Wille und Vernunft sind hierfür die zu klärenden Antonyme. Es bedingt, all unser übliches Wahrnehmen greifbar zu überschreiten. Völlig irreal ist das Verdichten des kollektiven Diktats, so dass unsere Chance des Durchblickens schwindet. Das zukünftig Wahrzunehmende fordert uns heraus, auf eine neue Ebene zu kommen, ja es verlangt das sich Läutern vom sinnlichen Erkennen: durch das Lichten von Wille und Vernunft gewinnen die Seelenkräfte wieder ihr Zu-wirkendes.

Johannes der Täufer öffnet durch seine Taufe die Augen der zu ihm Gekommenen, um sie vom Sündhaft-irdischen zu dessen außerirdischer Vergebung zu führen. Jesus offenbart das Seine des Überirdischen, das Erbarmen des himmlischen Vaters. Ihm geht es darum, das Unheil der Welt zu heilen. Nur wenigen jedoch gelang es, das sinnliche Wahrnehmen zu überschreiten. Die Not ist und bleibt groß, denn die meisten Menschen ringen nach dem Selbst-sein über die Zeit hinaus: „Arglistig, mehr als alles, ist das Menschenherz. Es sitzt voll Unheil. Wer kann es durchschauen?“[5] Nur wenigen gelingt es, das sinnliche Wahrnehmen zu überschreiten.

Deshalb gelingt es Luzifer mit seinem Gefolge, das an sich zu reißen, was der Vater im Himmel uns gibt. Sie partizipieren an den himmlischen Energien, die sie verfälschen, um sie mit ihrer uns Menschen überschreitender Intelligenz zu füllen. Dies ist der Grund, weshalb wir als Mensch so sehr anfällig für die dem Leben widerstreitenden Kräfte sind: ein Dämon hat einen höheren Grad am Wahrnehmen. Das innerweltliche Frei-sein ins Eigen-sein zu missbrauchen ist sein Einstieg, so will er letztlich einen Menschen völlig zu Eigen haben. Das, was die Dämonie vermag, und dessen Dabeisein des Menschen ist verschieden. Indem die Dämonen innerweltlich uns füttern, blenden sie uns das Überzeitliche. Dadurch kann das

Ich-hafte-wollen uns sättigen, so dass der Verlust des Überirdischen uns ausgeglichen werden soll. Das Ego und die Dämonie scheinen ein In-eins zu sein. Solch ein In-eins ist dann vom authentischen In-eins – von der Einheit des Lebens – reserviert.

Alle Kräfte: die vom Vater im Himmel uns gegebenen, ja von ihm uns teilhaben-lassenden, öffnen uns die Tür zum Leben. Dies unter der Bedingung, dass sie voll wirken können, anstatt zur Seite geschoben sind, um dem Innerweltlichen zu huldigen. In das Nicht-gelingen hineinzukommen hat seine Ursache vorwiegend im innerweltlichen Ausgestattet-sein: „Die aber reich werden wollen, fallen in Versuchung und Fangstrick, in viele unverständige und schädliche Begierden, die ja die Menschen in Verderben und Untergang versenken. Denn: Die Wurzel aller Übel ist die Gier nach Geld; von ihr getrieben sind manche vom Glauben abgeirrt und haben an vielen Wehen sich selbst aufgespießt“.[6] Die Tür ist eng. Außerdem versperrt das Sich-selbst-sein mit all dem Angeeigneten den Weg. *Das Weg-von-mir verunreinigt die Seele!* Nicht der Himmel entscheidet das Was und das Wie unseres Lebens. Im Wirken des Menschen kommt es darauf an, mit dem Himmel übereinzustimmen oder nicht: es folgt Leben oder Tod. Das Über-irdische vermögen wir nicht zu fassen. Nur, indem wir uns Ihm ganz geben, das will sagen, uns von unserem Selbst-sein verabschieden, können wir mit allem in Ihm geborgen sein. Anstrebend zu glauben in der Hoffnung bereitet uns die Leiter für das All-samt in Liebe.

Jeder Mensch hat eine Seele. Dass das Wirken der Seelen-kräfte bei den meisten fast wie tot ist, nehmen wir kaum wahr: „Ein jeder wird von seinen Begierden versucht – fortgerissen und verlockt. Dann wird die Begierde schwanger und gebiert Sünde: die Sünde aber – kommt sie zur Ruhe – bringt den Tod hervor“.[7] Deshalb ist ihr Geben im Tun ausgerichtet auf das Selbst-gestalten des Lebens. Durch den von außen kommenden Anstoß kann die tote Seele in ihrer Not erweckt werden. Stößt ein Mensch mit seinen erweckten Seelen-kräften einen anderen mit toter Seele an, so hat dieser eine Chance, mittels Übung und Verzicht erweckt zu werden.[a] Nimmt die läuternde Person ihres Seins wahr, ist sie auf dem Weg des Erwachens. Dies ist ein doppelndes Geschehnis: die kalte Seele und ihr Erwachen laufen parallel, ohne dass das Geschehnis auf der Gegenseite wahrgenommen sein kann.

Anmerkung

Anm. a: Behaltet den Gürtel an und lasst eure Lampen brennen. So seid ihr gefasst und lasst den Willen Gottes in allem in euch wirken, indem Sein Licht euch die not-wendende Klarheit schenkt. Seid wie Menschen, die auf die Rückkehr ihres Herrn warten, damit ihr Ihm öffnet, wenn er kommt. Das rechte Warten auf den Herrn öffnet euer Hiersein für ihn im Körper bis hinein in eure Seele.

48 Unser Fliehen: die Anfechtung vor der fälschlich getroffenen Alternative

„Heile mich, Jahwe, dann werde ich heil. Hilf mir, dann ist mir geholfen. Denn meine Hoffnung bist du. … Und ich habe dich doch nicht zum Schlimmen gedrängt und habe den Unglückstag nicht herbeigesehnt. Das weißt du. Was über meine Lippen gegangen ist, liegt offen vor dir da“.[1] Wir – mit unserem Unerledigt-sein – sind ständig unterwegs, ja beraubt, um dem Ich-haften-wollen zu frönen, anstatt es zurück zu werfen. Es geht hierbei nicht darum, unser diesbezügliches Unterschreiten harrend zu mehren, sondern ebenda sind unsere Ängste gebührend zu lichten: „Deinen Begierden gehe nicht nach, und von deinen Gelüsten halte dich fern“.[2] Allerdings, das Misstrauen und die Feigheit fälschend zu lösen, hält in seinem so gewollten Erreichen keinesfalls an. In diesem Sich-begeben ist das Maß des befehdeten Ermessens: „Habt im Blick, dass niemand euch zur Beute mache durch Philosophie und leeres Geblend, die sich an Menschenüberlieferung an die Grundgewalten der Welt und nicht an den Messias halten“.[3]

„In seiner Hand ruht aller Lebensodem und eines jeden Menschenleibes Geist“.[4] Das Entscheiden, durch das wir das Gebot für uns auf dem Weg des Lebens auffinden, soll eingeholt werden, in unserm Tun ist es aber nicht wie gewollt. Gebunden in Ängsten, Misstrauen und Feigheit, was aus dem Bösen uns bewirkt, schreitet der Schieds-spruch in unser Verfügen und trennt uns vom Leben: „… ihn [den Bösen], dessen Ankunft der Wirkmacht des Satanas entspricht – in allart trügerischer Krafttat und Zeichen und Wunderdingen und in allart Geblend des Unrechts für jene, die zugrunde gehen. Sie haben nämlich die Liebe zur Wahrheit nicht bei sich aufgenommen, um gerettet zu werden“.[5]

Soweit auf dem Weg des Sich-entscheidens sich Ich-ansprüche einmischen, besteht immer die Gefahr, der anstehend zu treffenden Verfügung auszuweichen. In derart getroffenen Alternativen kann der Erlassende die falsche Gewissheit haben, er handle in Übereinstimmung mit dem Nicht-zuwiderlegenden, das heißt, er hält nun das fälschlich Erreichte für wahr, was vom Geneigten entfernt: „Du aber, o Mann Gottes, fliehe davor. Jage nach Gerechtigkeit, Frömmigkeit und Glauben, nach Liebe, Ausharren und Sanftheit".[6]

Trotzdem zeigt sich ein falsch getroffener Schieds-spruch dem, der sich entschieden unausweichlich vor der Frage steht, dies zu berichtigen oder fortzufahren. Das Ergebnis eines Erlassens ist oftmals nicht mehr rückgängig zu machen. Dennoch gibt es Fälle, wo ihm ein Vergeben – wenn er bereut – zugesprochen werden kann, dies, außer im Fall eines Ausfalls des Hl. Geistes: „Wurde also das Gute mir zum Tod? Keineswegs! Sondern die Sünde erwirkte mir – damit sie als Sünde zum Vorschein komme – durch das Gute den Tod, damit sich die Sünde im Übermaß als sündig erweise – durch die Weisung".[7]

Wer sein Ermessen in allem immer nur dem irdisch zu Verfügenden unterweist, vergibt sich selbst in einer Art und Weise, was unserem wahren Mensch-sein genommen ist: „Müht euch nicht um die Speise, die zugrunde geht, sondern um die Speise, die bleibt ins unendliche Leben – die wird euch der Menschensohn geben. Denn ihn hat mit seinem Siegel beglaubigt der Vater – Gott".[8] Dass wir eigentlich seelisch bestimmt sind, dies müsste uns längst aufgegangen sein. Wir aber wollen das Selbst-sein für unser Wirken bestimmen. So ist und bleibt es ein hinterlistiger Betrug, im Augenfälligen das Leben zu verabsolutieren. Wir sind allerdings hernach dagegen, unser Da-sein wesenhaft im Darlegen zu bestimmen. Es ist nicht das sinnliche Wahrnehmen, sondern das seelische Ins-Auge-fassen, das uns den Weg zum Leben führt: „Fliehet die Unzucht. Jede Versündigung, die ein Mensch begeht, ist unabhängig vom Leib. Wer aber Unzucht treibt, sündigt mit seinem eigenen Leib. Oder wisst ihr nicht, dass euer Leib ein Tempel des Heiligen Geistes in euch ist, den ihr von Gott habt, und dass ihr nicht euch selbst gehört?“[9]

Es sind grundsätzlich zwei zu unterscheidende Begründungen des Lebens, unser sinnliches Wahrnehmen und das übersinnlich Geistlich-wirkende in uns: „Der Mensch sieht auf das Äußere, Jahwe aber sieht auf das Herz“.[10] Üblicherweise verbleiben wir eingefügt im sinnlichen Orientiert-sein, denn dies lässt sich *im Aber-gebilligten und im Aber-heftigen* vielseitig ausüben. Das Übersinnliche dagegen ist beglaubigt, das uns im All-samt zum Sein führt: „Durch sie [die göttliche Kraft] wurden uns die wertvollen und gewaltigen Verheißungen geschenkt, damit ihr durch sie Teilhaber der göttlichen Natur würdet – als Flüchtlinge vor der Verderbtheit, die in der Welt durch die Begierde wirkt“.[11]

„Unterwerft euch also Gott. Widersteht dem Teufel, und er wird vor euch fliehen“.[12] Unser Dasein unterliegt zwei Mächten: unsere Herkunft ist göttlicher Art, dies zu bestreitend Negieren sind die Kräfte der Unterwelt. Wir wollen unentschlossen zwischen diesen zwei Mächten um des eigenen Vorteils willen pendeln. Deshalb: „Ihr bittet und empfangt doch nicht, weil ihr auf üble Weise bittet, um es in euren Lüsten zu vergeuden“.[13] Um unser Mensch-sein gebührend einzulösen, müssen wir gemäß unseres Ursprungs wirken. Dies ist jedoch nur möglich, indem wir unserer Herkunft im All-sein die Treue bewahren: „Denn nach des Menschen Werk vergilt er ihm, nach seinem Wandel lässt er es ihn auch treffen“.[14] Das bedeutet viel, denn durch die gegen uns wirkenden Kräfte sind wir anhaltend umgeben, um das gestiftete Unheil in uns zu wecken: nicht nur das in uns fundierte Widerstreiten des Lebens, sondern das uns stetig betretende Umfeld lauert uns zu fassen. Dagegen in Aufrichtigkeit unseren Weg zu gehen, ist und bleibt eine große Herausforderung: „Betrübnis, die dem Sinnen Gottes gemäß ist, bewirkt ja Umkehr zur Rettung, die nimmer reut. Die Betrübnis der Welt aber wirkt Tod“.[15]

„Es gibt ein schlimmes Übel, das ich unter der Sonne sah: Reichtum, von seinem Besitzer gehütet zu seinem Unheil".[16] Geeint im Miteinander das Leben zu bestehen heißt, *im All-samt zu siedeln. Das uns Seelisch-vermachte ist der Grundbestand, aus ihm strömt die Lebens-bejahung schlechthin*: „Denn: Wer hat – gegeben wird ihm, ja überreich geschenkt. Wer aber nicht hat – dem wird auch das, was er hat, genommen".[17] Alles umgibt uns hierin sein Wirken im Werden-sollen, das sich in unserem Bestehen birgt. So gibt und nimmt unser Erdulden das zu leistende Tagewerk, das zwar wahrlich das So-sein verkostet, im Werden aber sind wir dem Erforscht-sein geliefert: „Was ist heller als die Sonne? Und selbst diese verdunkelt sich; Fleisch und Blut können nur Böses ausdenken".[18] Das Gegenwärtig-sein in allem hat seine Pflicht im Reifen dadurch, dass das Unreife sich lichtet und das zu Gewinnende Stück für Stück sich deutet. Demnach zeigt sich nun unser Zu-finden im Werden des Zeitlosen-seins: „In ihm [Messias] ward auch uns ein Anteil zugelost, vorgesehen nach der Vorbestimmung dessen, der das All-samt wirkt nach dem Beschluss seines Willens: dass wir – die wir den Messias vorauserhofft – zum Lob seiner Herrlichkeit seien".[19]

„Wenn sie nämlich den Befleckungen der Welt entfliehen durch die Erkenntnis unseres Herrn und Retters Jesus des Messias – und in sie dann wieder verstrickt – sich besiegen lassen, so wird bei ihnen das Letzte schlimmer sein als das Erste".[20] Das hier Zugelegte ist nicht so selten, wie man im Täglich-sein argwöhnt. Worin hat dies wohl sein Wirken: den Kräften der Unterwelt ist eine Lüsternheit eigen, das Sättigende des Lebens verfügend zu gewinnen. Wenn wir im Guten sind zu eignen, ist die Dämonie mit dem Guten in all ihren Kräften zu ringen: „Ihr also, Geliebte, die ihr das im voraus wisst: Hütet euch, dass ihr nicht – durch den Irrwahn der Gesetzlosen mit fortgerissen – aus eurer eigenen Festigkeit herausfallt".[21]

„Denn ein Tor redet Torheit, und sein Herz sinnt Unheil, um ruchlos zu handeln und lästerlich gegen Jahwe zu reden, um ungestillt zu lassen die Begier der Hungernden und den Durstigen den Trank zu entziehen".[22] Der Satanismus lebt davon, das Geistliche zum Zuwider-geistlichen verfügend zu lechzen. Ihr Verzehrt-werden besteht im: „Erwerb von Schätzen mit lügnerischer Zunge ist (rasch) verwehte Nichtigkeit der Sucher des Todes".[23] Deshalb ist es äußerst notwendig, dass wir uns selbst ohne Vorwand schauen, denn: „Gehen nicht die in die Irre, die Böses planen? Doch die auf Gutes bedacht sind, erfahren Liebe und Treue".[24] Die Liebe ist der Anlass allen Seins und hat als Vorstufe die Treue zum Beweggrund: „Der Gewinn, den der Frevler sich schafft, ist Trug; doch wer Gerechtigkeit säht, schafft sicheren Lohn. Der gerechte Mann gelangt zum Leben, dem Bösen folgen führt zum Tode".[25]

49 Das Mensch-sein als ein Nichts: im Süchtigen weilt das Sich-selbst-sein fortwährend

„Ich unseliger Mensch! Wer wird mich diesem Todesleib entreißen? Die Gnade Gottes durch Jesus den Messias, unseren Herrn! So bin ich denn nun als ein und derselbe mit meiner Vernunft im Knechtsdienst des Gottesgesetzes, mit dem Fleisch aber in dem des Sündengesetzes".[1] Wir haben hier eine Übersicht, das Verhängnis unseres Mensch-seins vor Augen zu stellen. Die sich widerstreitenden Wirklichkeiten, in die wir hineingeboren sind, haben einen Eifer, der in seiner Verabsolutierung nicht mehr zu unterwerfen ist. Dazu kommt im Heranwachsen der Geburt unser Widerstreit und führt uns, das Wie und das Wo zu entscheiden: „So ist es also: Wie die eine Verfehlung für alle Menschen zur Verurteilung ward, so ward die eine Rechtsordnung für alle Menschen zur Gerechtsprechung fürs Leben".[2]

Das Verwünschen trifft uns Menschen hart, denn zweifelsohne bahnt es sich, um das vom Himmel uns Vermachte zu verfügen. Seelisch sind wir ausgerüstet für das Mensch-sein, ja ein gerechtes Wirken wäre uns erschwingbar, wenn *die Flucht des Satanismus*[3] nicht eingreifen würde, denn uns innerlich zu treffen ist sein Ziel: „Ich finde also dies Gesetz: Mir, der gewillt ist, das Rechte zu tun, mir ist das Üble zuhanden. … In meinen Gliedern aber erblicke ich ein anderes Gesetz, das Krieg führt wider das Gesetz meiner Vernunft und mich zum Gefangenen macht im Gesetz der Sünde, das in meinen Gliedern ist".[4]

Das Mensch-sein als ein Nichts zu deklarieren ist einerseits absurd, andererseits aber ist dies eine Realität, die das uns himmlisch Vermachte nicht mehr dessen Wahr-sein gültig sein lässt. An den Seelen-kräften liegt es, in welchem Ziel sie zu ihrem Wirken zugreifen. Himmlisch gesehen ist die Seele das absolut uns Anstehend-erwartende für unser Handeln. Dort, wo die Reinheit der Seele hintergeht, im Hader so gefangen gehalten wird, steht ihr Tun in ihrem göttlichen Widerdrang zum Wahrhaben-sollen: „Wenn aber einer sich erhebt, um dich zu verfolgen und dir nach dem Leben zu trachten, so möge die Seele meines Herrn eingebunden sein in den Beutel des Lebens bei Jahwe, deinem Gott. Die Seele deiner Feinde aber möge er fortschleudern in der Schleuderkappe".[5]

Das Göttliche trägt unser wirkendes Ursächlich-seins, dem zu widerlegen ist absolut bestritten: „Menschenfurcht legt einen Fallstrick; doch wer auf Jahwe vertraut, wird geschützt".[6] Seelisch betrachtet ist dies das apodiktische Bestrahlen, dessen Anfechten ist im Widersetzenden wirkend. Himmlisch ist es für unser Sein ein Erwachen, denn all dies will uns zur Teilnahme am All-samt führen. Das – veranlasst vom Satanismus – widersinnliche Erblicken ist für uns ein vernehmendes Ergreifen: „Sie [die Ungerechten] äußern Hochtrabendes und Nichtiges, verführen mit fleischlichen Begierden durch Ausschweifungen die wenigen, die vor denen fliehen, die im Irrwahn wandeln. Sie verheißen ihnen Freiheit, obwohl sie selbst der Verderbtheit die Knecht sind – denn wovon einer sich besiegen lässt, dessen Knecht ist er".[7]

Das Nichts-sein – was uns Menschen betrifft – ist weitgehend in unserem Wahrnehmen gegenwärtig, denn unser weltliches Wirken hat sein forderndes Verlangen mit dem Anspruch, dabei zu sein. Dieses Dabei-sein ist in der Regel das uns Umfassende, so dass das Seelische – wenn überhaupt – nur noch randlagig infrage kommt. Leider müssen wir in unseren Tagen zusehends feststellen, wie das irdische Walten steigend ist und *ein Darüber-hinaus* immer mehr infrage kommt, ja: „Wer mich gefunden, hat Leben gefunden und erlangt das Wohlgefallen Jahwes. Doch wer sich an mir vergeht, der tut meiner Seele Gewalt an; alle, die mich verwerfen, lieben den Tod!"[8]

Wenn wir den Glaubens-weg betrachten, so ist er zu Beginn durch den Ungehorsam eingebrochen, dessen Wunde durch den Gehorsam – Jesus Christus – geheilt worden ist: „Denn: Wie durch den Ungehorsam des einen Menschen bewirkt wurde, dass die Vielen Sünder sind, so wird auch durch den Gehorsam des einen bewirkt, dass die Vielen Gerechte sind".[9] Und doch ist es durchgreifend ein starkes Gegenwirken, das mit dem innerweltlich vermachten Wahr-zu-sein füglich den Entscheid proklamiert: „Und er sprach zu ihnen: Ihr da, ihr erklärt euch selber vor den Menschen für gerecht, Gott aber kennt eure Herzen. Denn: Was bei den Menschen hoch erhoben – eine Abscheulichkeit ist es vor Gott".[10]

Das irdische Sein ist mehr und mehr ein Etwas, das man blindlings zu klären bindet: „Der Mensch, der dahinlebt, nimmt die Sache des Gottesgeistes nicht auf; denn Aberwitz ist sie ihm. Und nicht vermag er sie zu erkennen, weil sie – vom Geist bestimmt – zu prüfen ist".[11] Es ist absurd, dass wir dem, das uns eigentlich leben lässt, widerstreiten. Dieses Verfügen aber ist uns anliegend und deshalb geben wir uns blindlings damit ein: „Ich weiß ja, es wohnt in mir – das heißt in meinem Fleisch – nichts Gutes. Denn das Wollen ist mir zuhanden, das Erwirken des Rechten aber nicht".[12] Hier handelt es sich nicht um das Empfangen, sondern um das Geben. Die Absurdität unseres Bewusstseins kündigt dessen Flüchtigkeit an: „Du züchtigst den Menschen, du strafst die Schuld; was ihm kostbar, du lässt es zerfallen wie vom Fraße der Motten; jedweder Mensch, er ist nur ein Hauch".[13]

Die Beschaffenheit des Lebensodem ist unser seelisches Vermacht-sein, ohne dies gibt es keinen Menschen: „In seiner Hand ruht aller Lebensodem und eines jeden Menschenleibes Geist".[14] Nun, wie ist es möglich, dass wir das himmlische Beugen und ein vermachtes Wirken beanspruchen? Seine Ursache liegt im Sündenfall, denn von wem das Leben kommt und wer es dann an sich zieht, dafür sind zwei total sich widersetzende Emphasen am Werk: *der Ursprung und der Widersprung*; jener führt zum Leben, dieser aber zum

Tod. Indem der Widersprung mit seinen Anziehungskräften uns zuläuft, hat er im sinnlich Vermachten seinen Anreiz: „Das aber ist das Gericht: Das Licht ist in die Welt gekommen; doch liebten die Menschen die Finsternis mehr als das Licht. Denn böse waren ihre Werke“.[15] Dem abgeneigt fordert das Seelisch-einlösende von uns den Lichtstrahl des Lebens: „Denn alles Gottesgeschöpf ist gut und nicht verwerflich, wenn es unter Danksagung empfangen wird; es wird ja geheiligt durch Gottes Wort und Bitten“.[16]

Wie wir sehen, das Mensch-sein als ein Nichts ist die Herausforderung unseres In-der-Welt-seins, die sich zunehmend verschärft. Je schärfer das weltliche Potential das uns eigentlich Leben-lassende ergreift, desto entschiedener müssen wir unser Erweckt-werden im Erwachen des Seins und nicht im Nicht-sein suchen: „Denn aufgeschienen ist die Gnade Gottes: Rettung bringend allen Menschen. Sie erzieht uns, dass wir absagen der Gottlosigkeit und den weltlichen Begierden und verständig, rechtschaffen und fromm in der jetzigen Weltzeit zu leben beginnen“.[17]

Alles, was ein Mensch zu tun vermag, hat seine Ursache bedingt im seelischen: „Und wenn ich Prophetenrede habe und weiß die Geheimnisse alle und alle Erkenntnis, und wenn ich allen Glauben habe – zum Bergeversetzen – die Liebe aber nicht habe – so bin ich nichts“.[18] Wenn Un-seelisches geschieht, ist es der satanische Zugriff, wie er uns unter seine Herrschaft bringt. Dessen Ermöglichen ist dadurch, dass wir das Himmlische nicht ganzheitlich achten und so unwissend öffnen für das Unheil unseres Daseins. *Ohne den Schöpfer sind wir alle ein Nichts!* Um dies zu bejahen, ist es erforderlich, dass wir uns vom Geschick selbstlos entbinden. Erst dann wird uns die Einsicht geschenkt: ich bin mir selbst ein Nichts; ja, dies einzusehen, dafür muss ich mit dem All-vergänglichen ringen, bis mein sinnliches Wahrnehmen wirklich beflügelt ist: „Deshalb erschlaffen wir nicht. Nein: Wird auch unser äußerer Mensch ins Verderben gehen, unser innerer erneuert sich Tag für Tag“.[19]

Das Zerrinnen unseres Selbst-seins gebührt unserem Erringen!

Das Äußere des Mensch-seins ist ohne Einsicht, für das Leben an sich aber gilt das All-sein. Die Neigung, die in der Erfahrung aufgetragene Verantwortung zu ignorieren, nimmt zu. Wird die Verantwortung, umzukehren, nicht erkannt, so folgt daraus Leiden ohne Einsicht in dessen Ursache. Es ist Unwissen, zu glauben, man könne in der Erfahrung verweilen:

> „Der Mensch in all seinem Reichtum, der lebt ohne Einsicht, er gleicht dem Tier, das zugrunde geht" (Ps 49,21).

> „Noch immer schauten wir uns die Augen aus nach Hilfe für uns – die ausblieb" (Klagl 4,17).

> „Der Mensch sieht auf das Äußre, Jahwe aber sieht auf das Herz" (1 Sam 16,7).

> „Denn nach des Menschen Werk vergilt er ihm, nach seinem Wandel lässt er's ihn auch treffen" (Ijob 34,11).

Wäre uns nicht das All-sein gewesen, Sein Odem würde uns verlassen. Glücklich der Mensch, indem er die Weisheit gefunden. Denn der Weg des Lassens all dessen, an dem er haftet, lässt ihn das falsche Sich-behaupten durchschauen:

> „Sei mir gnädig, o Gott, denn die Menschen treten mich nieder, in ständigem Streit bedrängen sie mich" (Ps 56,2).

> „Wäre mit uns nicht gewesen Jahwe, da sich Menschen wider uns stellten: sie hätten uns lebendig verschlungen; als entbrannte wider uns ihre Wut" (Ps 124,2-3).

> „Bauet nicht auf die Großen, nicht auf den Menschen, bei dem keine Hilfe! Sein Odem verlässt ihn, er kehrt zurück in den Staub; dahin sind all seine Pläne" (Ps 146,3-4).

> „Glücklich der Mann, der Weisheit gefunden, der Mensch, der Einsicht erlangt" (Spr 3,13).

Selig ist der Mensch, der um des ewigen Lebens willen sich hingibt, denn durch die Begierde kam der Tod. Je tiefer er zur Wurzel der Störung – die innere Finsternis durchschreitend

– hinabsteigt, desto freier wird er von verkehrten Bindungen. Was er zuvor für glaubwürdig hielt, wird nun für ihn gegenstandslos:

> „Selig seid ihr, wenn die Menschen euch hassen, und wenn sie euch ächten und fluchen und euren Namen als bösen verwerfen um des Menschensohnes willen" (Lk 6,22).

> „Deshalb: Wie durch den einen Menschen die Sünde in die Welt hereinkam, und durch die Sünde der Tod, so kam auch der Tod zu allen Menschen durch – auf das hin, dass alle sündigten" (Röm 5,12).

> „Darum bist unentschuldbar du, o Mensch – alljeder, der richtet! Denn mit dem Gericht über den andern sprichtst du dir selbst das Urteil; dasselbe machst ja du, der du richtest" (Röm 2,1).

Wir sind *vom Leben-Selbst* dazu berufen, das in uns gegründete Leben zu vollbringen. Wer *dem Weg des Mit-leidens* um der Umkehr willen treu bleibt, dem wird der Sinn des Menschseins, erlöst zu werden, offenbar, indem *das Leben-Selbst* ihn dazu ruft und durch ihn wirkt. Nachfolge ist der Weg:

> „Fliehet die Unzucht. Jede Versündigung, die ein Mensch begeht, ist unabhängig vom Leib. Wer aber Unzucht treibt, sündigt mit seinem eigenen Leib" (1 Kor 6,18).

> „Denn: Alles Fleisch ist wie Gras, und all seine Herrlichkeit wie eine Blume im Gras. Das Gras verdorrte, und die Blume fiel ab – doch das Wort des Herrn bleibt auf Weltzeit hin" (1 Petr 1,24).

> „Letztendlich aber: Ihr sollt alle gleichgesinnt sein, mitfühlend, brüderlich liebend, gutherzig, niedriggesinnt, nicht Übles mit Üblem oder Schmähung mit Schmähung vergeltend – im Gegenteil! Sprecht den Lobpreis, da ihr dazu berufen seid, dass ihr den Lobpreis als Erbteil habt" (1 Petr 3,8-9).

50 Das enthüllte Sein in der Kluft zu bestehen: die genötigt ergriffene Spur von All-denen – es gibt für sie kein Miteinander

Das Abgeirrt-sein vom Lebens-Impuls – sein Verflucht-sein – schwindet den Menschen das Leben, im Befolgen entsteht die Kluft. Wie tief die Kluft in flüchtiger Weise sich bietet, ja, wie sehr das Wollen von ihr sich steuert, nehmen wir nicht wahr. Für dessen Gut-machen zeigt sich kein Ausweg. Das verhängnisvolle Ausweglos-sein legt uns Jesus auf den Tisch: „Jetzt aber wird er hier ermutigt, du aber leidest Pein. Und bei all dem steht zwischen uns und euch eine feste Kluft – so gewaltig, dass jene, die von da zu euch hinüberwollen, es nicht können; und sie auch von dort zu uns nicht herüberkommen“.[1] In der Kluft, die den Verlauf des Lebens verschlingt, zerrinnt das Sein im So-sein: „Ein Mensch, der abirrt vom Wege der Einsicht, wird ruhen in der Totengeister Versammlung“.[2]

Das Eigentliche des Seins ist entrückt und das Vergehen mündet so in uns ein. Wir greifen danach wie folgt: „Fahren lasst ihr Gottes Weisung, aber ihr haltet der Menschen Überlieferung“.[3] Das Gefangen-sein vom Ich-haften ist nichts anderes als Abgeirrt-sein vom Lebens-Impuls. Dessen Gerechtfertigten lässt die Kluft abgrundtiefer werden. Demzufolge zeigt sich nun das Unwahre als wahr: „So erscheint auch ihr von außen den Menschen als gerecht, innen aber seid ihr vollgepfropft mit Blenderei und Gesetzlosigkeit“.[4] Dies ist nicht das Ende der Dinge, sondern das Hinrichten der Welt erleidet das herankommende Unheil: „Und den Menschen schwindet das Leben vor Furcht und Erwartung der Dinge, die über die bewohnte Welt kommen. Denn die Kräfte der Himmel werden wanken“.[5]

Die Notleidenden werden hier nicht verkannt, die Abgötter aber werden verehrt und die Frevler schreiten einher, indem sie die Unredlichkeit suchen: „Nichts verspüren sie von den Nöten der Sterblichen, und die Pein der anderen kennen sie nicht“.[6] Das Allein-sein ist das Ziel, ein Miteinander ist hier völlig verfehlt, dennoch: „Selig der Mensch, dem Jahwe nicht rechnet die Schuld, dem Trug nicht wohnet im Geiste“.[7] Jedoch, was sie berührt, ist das Nicht-sein: „Die da nichtige Götzen verehren, verzichten auf ihr Glück“.[8] Die Unredlichkeit berührt ihre Flucht, die Bodenlosigkeit ist ihr Wandern: „Ringsum schreiten einher die Frevler, obenan steht bei den Menschen Gemeinheit“.[9] Die sündige Last verweist die Taten auf ihr Herausfordern in den Klüften, die Abgründe sind nun ihr abnötigendes Behausen.

Ihr Verschreckt-sein vor Jahwe trifft die Kraft des Wirkens: „Als die Israeliten sahen, dass sie in die Enge gerieten und das Volk hart bedrängt wurde, da verkroch sich das Volk in Höhlen, Erdlöcher, Felsspalten, Gewölbe und Zisternen“.[10] Im Verwogen-sein verhalten sich die Menschen abstoßend, ihre Bleibe zu sein argwöhnt: „Man verkriecht sich in Felshöhlen und vergräbt sich in Erdlöcher vor dem Schrecken Jahwes, vor dem Glanz seiner Majestät, wenn er aufsteht, zu schrecken die Erde“.[11] Entrückt zu werden bewirkt den Versuch, Citoyen in das Eins-sein zu führen: „Deines Herzens Übermut hat dich betört. Weil du in Felsenklüften hausest, in den Höhen deinen Sitz nahmst, sprichts du in deinem Herzen: Wer will mich hinunterstürzen?“.[12]

Es ist die gewaltige Kluft zwischen dem Hinüber-wollen und dem Herüber-kommen: „Abermals jäh auffahrend geht Jesus zum Grab. Es war eine Höhle und ein Stein lag darauf“.[13] Hier geht es nicht um die offengelegte Abgründigkeit, sondern um das Offenbaren Seines Einflusses über den Tod: es ereignet sich nicht in weltlicher, sondern in seelischer Art. Was die Welt nicht zu ergreifen hat, ist hier das Verheißene im Glauben. Der Ursprung unseres Mensch-seins will uns das Überzeitliche verdeutlichen und uns fordern, im Weltlichen das Überweltliche einzulösen: „Dass aber im Gesetz niemand bei Gott gerecht wird, ist klar, denn: Der aufgrund von Glauben Gerechte wird leben".[14]

Das nicht Wert-sein der Welt nimmt übers Ohr hauen wahr. Wer das Eigene sucht, findet im Absurd-sein die Kluft des Selbst-seins: „Sie, deren die Welt nicht wert war, irrten in Einöden und Gebirgen, in Höhlen und in den Klüften der Erde".[15] Das, was noch nicht ist, wird wirklich, denn unerbittlich kommt ein Ende für das Nicht-sein: „Und die Könige der Erde und die Großen und die Obristen und die Reichen und die Starken und ein jeder Knecht und jeder Freie – bargen sich in den Höhlen und in den Felsen der Berge".[16] Dem Frieden nachzujagen schreitet, denn hinterher den Lobpreis zu erben ist gewiesen und fand den Ort zur Umkehr: „Und seht darauf: Dass nicht einer Mangel hat, abseits der Gnade Gottes; dass nicht eine Bitterwurzel hochschießt und stört, und viele befleckt werden durch sie; dass nicht irgendeiner ein Unzüchtiger ist oder ein Gemeiner wie Esau, der für eine einzige Speise seine Erstgeburtsrechte preisgegeben hat".[17]

Wenn Zwietracht und Gewalt zu einem hinterlistigen Streit anwächst, ist der Scharmützel sein Tun nicht ablegbar. Die Folge seines in sich Gespalten-seins ist, wie es steht: „Vor dem reißenden Sturm, o Herr, und vor dem Fluss ihrer Zunge; schau ich doch Zwietracht nur und Gewalt in der Stadt".[18] Das Hinterlistig-sein ist für die Einigen eine Gabe im Selbstsein: „Ein hinterlistiger Mann stiftet Streit, und ein Ohrenbläser entzweit Freunde".[19] So ringen die gespaltenen Aber-geister um ihr Wirken und wollen ihren Machtbereich ausführen. Alle, die ihre Absicht nicht beugen, verdammen sie als Störer ihres Pseudo-Ringens: „Da er [Jesus] aber ihre Gedanken kannte, sprach er zu ihnen: Jedes Königtum, das in sich selbst gespalten ist, muss veröden. Und keine Stadt oder Haus, in sich selbst gespalten, kann bestehen bleiben. Und wenn der Satanas den Satanas austreibt – in sich selbst ist er gespalten: Wie könnte so ein Königtum bestehen?"[20] Der Satanas ist gespalten durch sein Fallen von der Einheit himmlischer Kräfte, was er der Menschheit überträgt. Jedoch: bei der Ausführung seines rachsüchtigen Ziels ist er angereichert für die Einheit seines Reichs gegen das Gottes Reich. In dieser Zwietracht gründet der Friede in der Welt niemals: „Denn von jetzt an wird unter fünf in einem Haus Zwietracht herrschen: von dreien gegen zwei und von zweien gegen drei“.[21]

Wir haben hier gebrandmarkt die Kluft, aber auch das Befreit-werden für das, was das Leben stiftet, haben wir die absolute Gegensätzlichkeit miterlegt (siehe Johannes 11,38). Dass dies nicht alles ist, zeigt nun außerdem das Inmitten für das Hin-und-Her des Verfahrens im Leben, was im Aufgeführt-werden mit der Kluft sich weit-regend bietet. Jahwe, Gott verlassen zu haben, steht ihr nicht an. Um die Furcht vor den Feinden zu überwinden, fleht andringend David: „Denn der Feind verfolgt meine Seele; mein Leben trat er zu Boden; stieß mich ins Dunkel wie einen; der Tod ist für immer. Es verschmachtet in mir der Geist, das Herz in meinem Innern ist wie erstarrt“.[22] Von den Händen der Feinde sich im Ausklang zu befreien, steht ihr zu finden, und doch: „Im öden Lande irrten sie einher, in der Wüste, nicht fanden sie den Weg zu wohnlicher Stätte“.[23] So ist es ein Wildling, umgeformt ins Wirken, sein Joch ist zerbrochen, ja zerrissen ist er mit seiner Missgunst: „So wird deine Bosheit dich strafen und dein Abfall dich züchtigen, dass du erkennst und einsiehst, wie böse und bitter es ist, Jahwe, deinen Gott, verlassen zu haben und um die Furcht vor mir dich nicht mehr zu kümmern, spricht der Herr Jahwe Zebaot“.[24] Bleibt ihr aber Entschlossen zum Setzen, um für das Böse zu wirken, so ist und bleibt dies in der Kluft zu harren: „Sie wetzen ihre Zunge gleich einem Schwert, gleich giftigen Pfeilen schnellen sie ab ihre Rede. Um den Schuldlosen zu treffen aus ihrem Versteck, ohne Scheu ihn jählings zu fällen“.[25]

51 Die Feindes-Liebe: sie zu pflegen schreitet uns an den Mark-Nerv; es gibt diesbezüglich nur eine Chance, kletternd zu reifen

Die Liebe ist das höchste Gut,[a] was ein Mensch in seinem Leben, wenn er die Feindes-Liebe einzulösen vermag, je erreichen kann: „Doch wer sich an mir vergeht, der tut seiner Seele Gewalt an; alle, die mich verwerfen, lieben den Tod!“[1] So sind Leben und Tod die zwei sich widerlegend maximalen Dehnungen in unserem Mensch-sein: „Aber ihr hasst das Gute und liebt das Böse!“[2] Ja, wir haben viel um uns herum, dass uns das Aufstreben viel Mühe serviert: „Ihr habt gehört, dass gesagt ward: Liebe deinen Nächsten! Und: Hasse deinen Feind! Ich aber sage euch: Liebt eure Feinde, und betet für die, die hinter euch her sind. So werdet ihr Söhne eures Vaters – dem in den Himmeln“.[3] Denn auch wir sind für die Vollendung des Heilsplanes Gottes teilhaftig. Demzufolge muss sich unsere Gerechtigkeit bestimmen, anstatt sich durch unser Tun nach Belieben zu besiegeln: „Wie mich der Vater geliebt, so habe auch ich euch geliebt. Bleibt in meiner Liebe“.[4]

Das Eingeständnis, dass wir Widersacher Gottes sind, tilgt uns nicht nur die Schuld, sondern vielmehr lässt uns darüber hinaus in tieferer Weise das Ringen verkosten: „Aber euch, die ihr da zuhört, sage ich: Liebt eure Feinde! Tut wohl euren Hassern. Sprecht die Preisung über die, die euch verfluchen. Betet für die euch Kränkenden“.[5] Das für uns anstehende Wenden geht nur Schritt für Schritt, denn das hier zu wagende Gezwungen-sein ist Neu-land: „Und ihr werdet gehasst sein von allen – um meines Namens willen. Wer aber ausharrt bis ans Ziel, der wird gerettet“.[6] Ja: „Selig seid ihr, wenn die Menschen euch hassen, und wenn sie euch ächten und fluchen und euren Namen als bösen verwerfen um des Menschensohnes willen“.[7]

Für das vergütet sinnliche Wahrnehmen hat es den Anschein für viele, unser In-der-Welt-sein vollgültig erreicht zu haben. Aber dem ist nicht so, denn: „Wer sein Leben lieb hat, der wird es zugrunde richten; doch wer sein Leben hasst in dieser Welt, der wird es zu unendlichem Leben bewahren“.[8] Das will uns sagen: „Die Liebe üben ohne Blenderei. Das Böse verabscheuen. Ans Gute sich heften“.[9] Was sich hier nun zeigt, ist und bleibt das göttliche Eins-werden, das unser seelisches Vermacht-sein in sich trägt. Und eben dies ist nicht gefragt in unserem Wirken, denn wir selbst trachten mit unserem Haben- und Sein-wollen das Leben zu bestimmen: „Das Allsamt aber geht von Gott aus, der uns durch den Messias mit sich versöhnt und uns den Versöhnungsdienst gegeben hat“.[10] Ja: „Und er selber ist die Absühne für unsere Sünden – aber nicht nur für die unseren, sondern auch für die ganze Welt“.[11] Denn: „Darin besteht die Liebe: Nicht wir haben Gott geliebt, sondern er hat uns geliebt und seinen Sohn gesandt – zur Absühn unserer Sünden“.[12]

Das Unser-nehmen ist gut, aber *ohne dessen Zu-ergreifen* kommen für die Weitergabe keine Früchte daraus: „Wenn also dein Feind hungert, gib ihm zu essen; wenn er dürstet, gib ihm zu trinken. Denn: Tust du das, so häufst du ihm feurige Kohlen auf den Kopf“.[13] Der Weg, den wir zu gehen haben, ist mühsam, da es in uns vieles gibt, das einem Versöhntwerden widerspricht. Und doch müssen wir uns wenden, unsere Seelen-kräfte wieder in Anspruch zu nehmen: „Denn, wurden wir als Feinde mit Gott versöhnt: durch seines Sohnes Tod – so werden wir um so mehr als Versöhnte gerettet werden: durch sein Leben“.[14] Ja, bei Weitem ist das Aufgebot des Schöpfers, um unser Sein-sollen uns zu enträtseln: „Und mochte auch mein Fleischverachtet-Sein mich versuchen: Ihr habt mich nicht verachtet und nicht ausgespien, sondern mich aufgenommen wie einen Engel Gottes – wie den Messias Jesus“.[15]

Jedoch, ohne ein Leiden, sind sie – die in uns sich eingenisteten Widersacher der Unterwelt – nicht zu verfügen: „So werdet ihr – Zeichen von Gottes gerechtem Gericht – für wert befunden des Königtums Gottes, für das ihr jetzt leidet".[16] Im Hier-zu-nehmen ist die Lebens-praxis, die das Ergreifen für das All-samt uns öffnet: „Aber es werden auch alle gejagt werden, die willens sind, in Eins mit dem Messias Jesus fromm zu leben".[17] Und da beginnt ein Zerbrechen des Gewollt-seins: „Denn es wird eine Zeit geben, da sie die gesunde Lehre nicht leiden mögen, sondern nach eigenen Begierden einen Haufen Lehrer sich zulegen, des Ohrenkitzels wegen. Und sie werden das Ohr von der Wahrheit abwenden, um es Fabeleien zuzuwenden. Du aber: Sei nüchtern in allem, erleide das Übel, tu das Heilsbotenwerk, deinen Dienst vollbringe".[18]

Wie wir sehen, *die Liebe ist das höchste Gut*, was ein Mensch in seinem Leben je zu erreichen vermag. Dann dürfte es auch klar sein, dass wir mit dem tiefsten Abgrund der Antipathie ebenfalls zu ringen haben. Es ist das Seelische, das sein All-sein – oder auch sein Nicht-sein – in sich birgt, womit wir jeweils zu ringen haben: „Denn: Es ist eine Gnade, wenn einer, gewissenhaft Gott gegenüber, Trübsal aushält – zu Unrecht leidend".[19] Wenn wir im Vertrauen bezwungen mit der Gnade Gottes treu bleiben, dann steht dasjenige, das uns leben lässt, uns bei: „Weil also der Messias im Fleisch gelitten hat, bewaffnet euch mit derselben Gesinnung: Wer im Fleisch gelitten hat, für den hat sich die Sünde erledigt".[20] Ja: „Denn nur dadurch, dass er gelitten, als einer der versucht wurde, kann er denen, die versucht werden, helfen".[21]

Beim Wahr-nehmen der Feindes-Liebe – seinem Nicht-zurückweisen – zeigt es sich: Gott ist wahrlich der hier zu Gebende. Um letztlich Ihn zu lieben, ist im anderen Menschen das Identisch-sein zu ergreifen. Das Seelische des Eigenen zu geben als auch das des ihm Zuneigenden anzunehmen, ist hier die Brandmarke. Das negative Erfahren, das ein Mensch hier nicht zu lösen vermag, muss er zur Überbringung fähig werden, um das Seine dem Allmächtigen zu übergeben. In diesem Verlangen ständig zu verbleiben, ist es die Übung, auf deren Weg ihm das Versöhnen geschenkt werden will. Dies ist immer wieder ein Versuchen im festen Vertrauen, so dass aus der ihm jetzt noch verborgenen Quelle des Lebens die Hilfe zukommen wird. Das All-sein ist und bleibt der Schlüssel für die Versöhnung. Wer sich mit seinem nachtragenden Herz nicht versöhnen kann, vermag sich mit dem Feind nie in Liebe zu einen.[b]

Um der Versöhnung willen lässt sich Jesus taufen: „Und da! Eine Stimme aus den Himmeln, die sagt: Dieser ist mein Sohn, der Geliebte, an dem ich Gefallen habe".[22] Aber für uns ist die Selbst-Liebe am nächsten, die wahre Liebe ist blockiert und wir ignorieren das Darüber-hinaus, obwohl in dessen Fülle uns die wahre Liebe sich signiert: „Eine neue Weisung gebe ich euch: Liebt einander, wie ich euch geliebt, damit auch ihr einander liebt".[23] Die wahre Liebe ist nicht das, was wir als Liebe nennen, denn sie zeigt sich im All-samt für uns sowohl mit ihrem Ursprung als auch ihrem Besiegen. Das Eingeständnis, dass wir selbst Widersacher Gottes sind, tilgt in uns nicht nur die Schuld, sondern lässt uns darüber hinaus das Sein in tieferer Weise verkosten. Das Handeln Gottes, das wir an uns selbst erfahren, will sich auch auf andere übertragen: „Schuldet keinem und nichts, außer: das Einander-Lieben. Denn wer den andern liebt, hat das Gesetz erfüllt".[24] Das Ineins hat den Vorbehalt, wenn wir uns von allem Widerspruch bewahrheiten, denn erst die Makellosigkeit gibt uns frei für das Aufopfern der Seelen-Kräfte: „Ich in Eins mit ihnen und du in Eins mit mir, dass sie vollendet in Eins gebracht seien, damit die Welt erkenne, dass du mich gesandt und sie geliebt hast wie du mich geliebt hast".[25]

„Ich lebe – aber nicht mehr als ich; es lebt in Eins mit mir der Messias. Und was ich jetzt im Fleisch lebe – ich lebe es im Glauben, und zwar an den Sohn Gottes, der mich geliebt und sich für mich hingegeben hat".[26] Es ist der Ursprung unseres Seins von Liebe und nicht unser Bestreben im sogenannten Erwachen. Denn das uns Gegebene des Lebens – das gegenständlich nicht Wahrnehmbare – ist nichts anders als die wahre Liebe: „Denn zur Freiheit wurdet ihr berufen, Brüder – doch nur keine Freiheit als Anlass für das Fleisch! Nein, tut einander Knechtsdienst durch die Liebe“.[27] Das ist die Liebe, die nicht mehr in unserem Ich gepflanzt ist, sondern sie ist das gegenstandslose Wahr-sein: „Ihn, den ihr nicht gesehen: liebt ihr. Ihm, den ihr jetzt nicht seht: glaubt ihr – und jubelt in unsagbarer, von Herrlichkeit erfüllter Freude“.[28] Folglich ist es *ein tief wahr-nehmendes Geschehen*, das mit der Liebe über unser Dasein weit hinaus geht: „Liebt nicht die Welt noch das, was in der Welt ist. Wenn einer die Welt liebt, ist die Liebe des Vaters nicht in ihm“.[29]

„Wir wissen, dass wir aus dem Tod in das Leben hinübergeschritten sind; denn wir lieben die Brüder. Wer nicht liebt, verbleibt im Tod“.[30] Johannes redet hier von der unwandelbar beschließenden Liebe. Wir müssen gestehen, dass wir nicht fähig sind, so zu lieben, weil wir uns weitgehend mit dem Lieben verraten. Wie kann dann das Sein von wahrer Liebe uns erschlossen werden: „Und das ist seine Weisung: Dass wir zum Glauben an den Namen seines Sohnes Jesus des Messias kommen und einander lieben sollen entsprechend der Weisung, die er uns gegeben hat“.[31] Es soll für uns gelten, um das Offengelegte zu akzeptieren. Als dessen Folge ist die Liebe das höchste Sein. Nun sehen wir endlich, wie erschütternd unsere Lebens-problematik ist, die wir authentisch nie einzulösen vermögen. Wer hält in rechter Weise schon dazu an, zumindest endlich einmal wahrzunehmen, was die Liebe Gottes ist, denn sie ist unaufhörlich dabei, uns das Leben zu schenken: „Wir also sollen lieben – denn er hat uns zuerst geliebt“.[32] Die wahre Liebe ist frei von jeglichem sinnlichen Wahrnehmen, denn das miteinander Lieben ist gebunden im Allsamt: „Keiner hat Gott je geschaut. Wenn wir einander lieben, bleibt Gott in Eins mit uns, und seine Liebe ist in Eins mit uns zur Vollkommenheit gebracht“.[33] Hier legt Johannes offen, was unser Sein berührt, nämlich, dass wir eigentlich nicht selbst die handelnde Person sind, sondern der Geist Gottes am Werk ist: „Die Hoffnung jedoch wird nicht zuschanden, weil Gottes Liebe in unsere Herzen ausgegossen ist – durch den uns geschenkten heiligen Geist. … Gott aber stellt seine Liebe zu uns dadurch vor, dass der Messias für uns starb, als wir noch Sünder waren".[34]

Wie wir sehen, nicht wir sind die eigentlich uns hier vorstellend Wirkenden, sondern die himmlischen Kräfte lösen unser brüchig-klangloses Wahrnehmen. Zwar gründet das ursächliche Sein in unserer Seele, nun geht es darum, dem Erwachen nicht auszuweichen, „auf dass durch den Glauben in euren Herzen wohnen werde der Messias und ihr eingewurzelt und gegründet seid in der Liebe",[35] „Denn die Liebe des Messias hält uns zusammen, da dies unser Richtmaß ist".[36] Im Widerstreiten gibt es immer wieder ein satanisches Verwirren, dessen Durchschauen uns nicht gleichgültig sein darf: „Da aber hat Gott, reich an Erbarmen, wie er ist, um seiner großen Liebe willen, mit der er uns geliebt".[37]

Je mehr wir uns in Unwiderlegbarkeit läutern, desto mächtiger öffnet sich auch das Ausmaß vom Widersetzlichen. Dies konnten wir bisher nicht ermitteln, denn das Adversative *zum Ursprung unseres Seins* – zum der himmlische Vater uns vermachten Leben – setzt sich *durch den Wider-Sprung des Satanismus*, zu gewinnen. Öffnet sich unser Leben in seiner Ursprünglichkeit, dann schauen wir parallel auch tiefer in das Reich des Todes. Unser Mensch-sein ist gebunden an das Maß der Entschlackung, die das Nötig-erforderliche uns zweifach trifft:

- Der Missbrauch unseres sinnlichen Wahrnehmens, das die Unter-welt als ihre Oberherrschaft willentlich lokalisiert.
- Im Seelisch-waltenden wäre uns das Allsamt gegenwärtig, wir aber folgen weitgehend den Kräften der Finsternis und nehmen es lügenhaft wahr.

Wir hinterlassen nun das Vermischt-vererbte, indem dessen offengelegt Seelisch-vermachtes nach seinem Ermessen sich steigert. Mit dem Wort Liebe geht es nicht um ein Mehr-sein, sondern ihre Endabsicht ist das uns reifende All-sein, das Jazuweisende hat der Vater im Himmel uns aufgetragen. Die reichliche Anführung soll uns anraten, denn die Hilfen hierfür sind notwendig, um den Klitschen zu entkommen. Deshalb erlauben wir uns, weiterhin mithilfe der Zitate unser Missverständnis zu verringern.

Die vier noch folgenden Klauseln sind als Attribute zu verstehen, denn die Fülle des All-seins ist anders zu exponieren

„Und um dies bete ich: Eure Liebe möge mehr und immer mehr überquellen in Erkenntnis und aller Erfahrung" (Phil 1,9). Das geht nur, wenn wir uns reinigen, mit anderen Worten, in dem Maße, wie sich alles Selbst-hafte in uns löst; ehrlich gesagt, unser Leben ist dafür leider zu kurz. Zwar können wir die Orientierung dafür haben, aber für die echte vollgültige Läuterung ist es erforderlich, uns im Unerträglichen zu ertragen. Erst dann nimmt in uns das Erbarmen mit allem zu: „Über all diesem aber ist die Liebe; sie ist das Band der Vollkommenheit" (Kol 3,14). Denn: „Das Ziel der Anweisung ist Liebe aus lauterem Herzen, gutem Gewissen und Glauben ohne Blenderei" (1 Tim 1,5)

„Selig die sich Erbarmenden, denn sie werden Erbarmen finden" (Mt 5,7). Hier haben wir das Erheben von Sein und Werden. In jedem Tag liegt eine Chance, das Zu-werdende zu nützen, ja, in aller Hoffnung und Freude uns selbst zu geben, denn unsere Tage sind gezählt. Um zu unserem Vater im Himmel heimzufinden, bedarf es des Geschehens: „Gepriesen der Gott und Vater unseres Herrn Jesus des Messias, der Vater der Barmherzigkeit und Gott aller Ermutigung" (2 Kor 1,3). Der Zuspruch trifft uns, so dass wir reichlich gesegnet sind: „Da aber hat Gott, reich an Erbarmen, wie er ist, um seiner großen Liebe willen, mit der er uns geliebt" (Eph 2,4). Das will sagen: „Wenn es also Ermutigung im Messias gibt: Wenn Zuspruch aus Liebe, wenn Gemeinschaft des Geistes, wenn innigstes Erbarmen" (Phil 2,1). Ja: „Erbarme dich meiner, o Gott, der du barmherzig und gnädig; nach dem Übermaß deiner Gnade lösche aus meine Schuld“ (Ps 51,3). Die übelhaft Leidenden – mein Herr und mein Gott – erwarten dein Kommen, denn deine Labsal will uns zum Lichtblick führen: „Geht doch und lernt, was es heißt: Erbarmen will ich, nicht Opfer. Ich bin ja nicht gekommen, Gerechte zu rufen, sondern Sünder“ (Mt 9,3).

Deshalb lasst uns endlich hören: „Als Urbild gesunder Worte halte fest, was du von mir gehört hast – in Glauben und Liebe in Eins mit dem Messias Jesus“ (2 Tim 1,13). Das Ineins mit Ihm – darum geht es hier – ist für uns das Alpha und das Omega. Folglich, ohne im All-samt den Schöpfer im Blick zu haben, ist unser Streben nach der Liebe eine Illusion. Das unversehrte In-eins ermöglicht erst die Liebe mit ihrem Fundus, denn diesbezüglich erwerben wir das In-eins: „Habt vor allem die inständige Liebe zueinander; denn die Liebe deckt eine Menge Sünden zu (1 Petr 4,8). Dies ist ein Voran-schreiten, denn das Eigentliche von Liebe zielt auf das In-eins, aber dafür haben wir noch einiges zu räumen, um in Wahrheit wirklich in Liebe zu atmen.

„Wer sagt: ‚Ich habe ihn erkannt‘ – und seine Weisungen nicht wahrt, ist ein Betrüger; und in ihm ist die Wahrheit nicht. Wer aber sein Wort wahrt – wahrhaftig – in dem ist die Liebe Gottes vollkommen; daran erkennen wir, dass wir in ihm sind“ (1 Joh 2,4-5). Es handelt sich hier darum, aus der Welt das Getragene im All-sein zu vollenden, aus diesem Grund: „Liebt nicht die Welt noch das, was in der Welt ist. Wenn einer die Welt liebt, ist die Liebe des Vaters nicht in ihm“ (1 Joh 2,15). Wie wir sehen, ist das unvollkommene In-eins ein Ereignis, was sich selbst versucht zu geben: „Keiner hat Gott je geschaut. Wenn wir einander lieben, bleibt Gott in Eins mit uns, und seine Liebe ist in Eins mit uns zur Vollkommenheit gebracht“ (1 Joh 4,12). Denn: „Furcht gibt es in der Liebe nicht. Nein, die vollkommene Liebe treibt die Furcht aus – denn die Furcht hat ja mit Strafe zu tun. Wer sich aber fürchtet, ist in der Liebe nicht vollkommen“ (1 Joh 4,18).

Anmerkungen

Anm. a: „Die Liebe ist langmütig. Gütig waltet die Liebe, nicht ehrneidig. Die Liebe eifert nicht; sie macht sich nicht wichtig. Sie benimmt sich nicht mißfällig; sie sucht nicht das Ihre. Sie läßt sich nicht aufreizen; sie rechnet das Übel nicht vor. Sie freut sich nicht über das Unrecht; doch sie freut sich mit an der Wahrheit" (1 Kor 13,4-6). Das Fehlen der Liebe und seiner tragischen Konsequenz nisten im innerweltlichen Hausen. Trotzdem hat dies die Züge der selbstgemachten Liebe, die man weiß und für Wahr hält. Die authentische Liebe ist vielfach den Menschen nicht bewusst, dazu Laotse:

> Verantwortung ohne Liebe macht rücksichtslos.
> Pflicht ohne Liebe macht verdrießlich.
> Gerechtigkeit ohne Liebe macht hart.
> Wahrheit ohne Liebe macht kritiksüchtig.
> Erziehung ohne Liebe macht widerspruchsvoll.
> Klugheit ohne Liebe macht gerissen.
> Freundlichkeit ohne Liebe macht heuchlerisch.
> Ordnung ohne Liebe macht kleinlich.
> Sachkenntnis ohne Liebe macht rechthaberisch.
> Macht ohne Liebe macht gewalttätig.
> Ehre ohne Liebe macht hochmütig.
> Besitz ohne Liebe macht geizig.
> Glaube ohne Liebe macht fanatisch.

Anm. b: Das Enthüllte betreffs der Liebe – der wahren Liebe – ist nichts anders als das Vergreifen mittels der Strebsamkeit, die abwegig mündet. Dies ist eine Liebe, die beglaubigt ihren Anspruch als identisch ergreift. In Wahrheit aber gibt diese mit der Liebe, wie Jesus sie uns vermacht hat, im In-eins keine Bezugnahme. Wenn wir die wahre Liebe nicht erfahren, wie soll sie dann praktiziert werden? Ein Mensch versteht eben nur, was ihm erduldet zukommt, alles andere ist luftgeschmückt. Das Etwas-machen und -sein hat immer die Vorderhand, ja dies ist und bleibt auch so. Denn in das Eigentliche der Liebe hineinzufinden muss uns gegeben sein und dafür muss der ganze Schmutz, mit dem wir die pseudowahre Liebe belügen, zuerst einmal aufgeräumt werden. Es ist eine Tatsache, dass ein Mensch über das sinnliche Wahrnehmen nicht hinausfindet: das ist seine Welt. Die wahre Liebe ist absolut frei, sie ist nur von den himmlischen Kräften und der gereinigten Seele ergriffen, um *das höchste Gut* zu erwirken.

52 Das Verlangen des Mensch-seins: primär berührt es das Fleischliche, das gebärend Seelische-ansinnen ist zu entheben

Das Verlangen ist unverkennbar, solange wir atmen, denn ohne das Atmen ist unser weltliches Ereignis am Ende:

„Zu dir, Jahwe, erhebe ich meine Seele, du mein Gott. Auf dich vertraue ich, lass mich zuschanden nicht werden; nicht sollen über mich triumphieren die Feinde“.[1] *Unser Da-sein* ist in zwei Welten ausgesetzt: das Weltall ist uns im All-sein vermacht, dem entgegen gesetzt sind wir vom uns Widerstehenden gefährdet. Um den Zwiespalt in uns zu überwinden, harren wir für unsere Hilfe: „Gott, mein Gott, dich suche ich: es dürstet nach dir meine Seele. Nach dir verlanget mein Leib gleich einem dürren, lechzenden Land ohne Wasser“.[2]

Unser Leben ist zugewiesen in Eingewilligtem und in Aufgekriegtem: und wir nehmen das Widersprüchliche – jedes Verlangen – doch als ein Zueinander-gebühren. Dass das Bewusstsein unsereiner sich geschädigt vererbt, wer will dies schon wahrhaben: im Prinzip niemand, denn das Kollektiv überwiegt die Kulisse unseres Sein-sollens. Und doch gibt es Wege, die für uns heilbringend sind: „Meine Seele vergeht in Sehnsucht nach den Vorhöfen Jahwes! Mein Geist und mein Leib, sie jubeln dem lebendigen Gott“.[3] Wir aber müssen ersehnen, denn die Mühe ist groß, um dem Fehltritt zu entkommen: „Es verlangt meine Seele nach deiner Hilfe, deinem Worte vertraue ich“.[4] Unser vertrauendes Verlangen muss in Jesu Verlangen des Paschas münden: „Und er sprach zu ihnen: Verlangt, ja verlangt hat es mich, dies Pascha mit euch zu essen, bevor ich leide“.[5]

Unser Verlangen muss ins Sich-geben münden, dies ist es, uns wahrhaftig zu tragen. So wird das uns himmlisch vermachte All nicht mehr überbietbar. Dem entgegen gesetzt ist der nach uns lauernde Satanismus, etwas zu geben, was im Geschehnis ein radikales Ergreifen bedeutet. Es ist sehr traurig, dass unser Mensch-sein dies nicht einsehen kann, ja sogar eine Umsetzung nicht will. Und doch, wir stöhnen im Hiesigen, voll Sehnsucht mittels des Seins empor zu steigen, da wir ja nur überzogen nicht nackt erfunden werden. Dies ließe sich das Teilhaben vermeiden, das uns doch Paulus offenbart: „Ich sehne mich ja danach, euch zu sehen, um euch zu eurer Festigung an einer geistgewirkten Gnadengabe teilhaben zu lassen".[6]

„Denn mein Zeuge ist Gott, wie sehr ich mich – in Eins mit dem Innersten des Messias Jesus – nach euch allen sehne".[7] Das Ersehnte im Sich-sehnen ist im All-samt zu bewirken, um das Gerüstet-sein einzulösen. Denn für das Formieren unserer Rechtschaffenheit ist dies der wehrhaft notwendig zu gehende Weg, der uns heimführt: „Da! Welche Bereitwilligkeit hat diese dem Sinnen Gottes gemäße Betrübnis in euch bewirkt: welche Verteidigung, welche Entrüstung, welche Furcht, welche Sehnsucht, welchen Eifer, welches Schaffen von Recht! In allem habt ihr euch in der Sache als gottgeweiht herausgestellt".[8]

Das uns Verheißt-sein des Lebens ist Erlösung, dies hat er seinem Volk vermacht, heilig und hehr ist sein Name:

„Am Tage verleihe Jahwe seine Gnade, und ich will ihm singen bei Nacht, loben will ich den Gott meines Lebens".[9] Alles, was dem Leben entspringt, bereitet uns keine Streitmacht, deren Ungeschickt-sein für uns ein Anliegen ist: „Gedenke meiner, Jahwe, gedenke in Huld deines Volkes, mit deiner Hilfe suche mich heim".[10] Das für uns Vermachte ist in allem gesegnet: „Es ist wie Tau auf dem Hermon, wie Tau, der niederfällt auf den Zion. Denn dort entbietet

Segen Jahwe: Leben auf immerdar“.[11] Das Immerdar ist für uns nicht nur nicht begrenzt, sondern dessen Verheißen soll vollzogen werden, wofür uns das All-samt bereitet: „Erlösung hat er seinem Volk gesendet, seinen Bund geschlossen auf immerdar, heilig und hehr ist sein Name“.[12] Und was machen wir damit – heute mehr als zuvor –, indem wir anheischig unserem Selbst-vermachten das Erschließen des Seins übertragen. Und doch bieten uns die himmlischen Kräfte – nach wie vor – die bewahrende Herkunft, ohne zu entgehen: „Und deswegen ist er Mittler eines neuen Bundes, damit durch seinen Tod – zum Loskauf von den Übertretungen des ersten Bundes – die Gerufenen der Verheißung des unendlichen Erbes empfangen“.[13]

Der Tod des Messias vermacht uns den Empfang des Lebens. Aus der Finsternis wird Licht, indem wir uns das verkünden, was Jesus sich-gebend hinterließ. Ihm jedoch widerstreitet Satanas mit seiner Streitmacht, um *sein Licht-des-Lebens* zu servieren, dessen Wahr-sein aber uns in den Tod führt: „Selig der Mann, der die Versuchung durchharrt, denn als Bewährter wird er den Kranz des Lebens empfangen, der denen verheißen, die ihn lieben“.[14] Das Vertrauen des Lebens in uns zu vollziehen, ist das bedingungslose Entscheiden: „Festhalten lasst uns unbeugsam am Bekenntnis zur Hoffnung; denn zu trauen ist dem, der verheißen hat“.[15]

Das Verheißen Allvaters will uns sagen, meine Welt und die Deine sind verschieden: „Da wir diese Verheißungen haben, Geliebte, wollen wir uns reinigen von aller Befleckung an Fleisch und Geist, um die Heilung zu vollenden: in Gottesfurcht“.[16] Unser Entscheid für das Heil-werden bedarf der *Übung und Verzicht,* wodurch aber der Kern unseres Befreitseins nicht zu treffen ist. Das Obwohl-sein der körperlichen Reinigung baut zwar ab, das Seelische aber bleibt immer noch nicht im Sein, denn das Sündigende ist ursächlich des Seelischen-seins bewirkt: „In ihm habt auch ihr gehört das Wort der Wahrheit: die Heilsbotschaft eurer Rettung. In ihm seid auch ihr glaubend geworden, versiegelt durch den verheißenen Heiligen Geist".[17] Ja: „Und das ist die Verheißung, die er uns verheißen hat: das Leben – das unendliche".[18]

Davon frei zu werden, kostet uns das Bestimmen, rechtswahrnehmend zu wählen: „Und ängstet euch nicht vor denen, die den Leib töten, das Leben aber nicht töten können. Ängstet euch vielmehr vor dem, der Leben und Leib in der Hölle zugrunde richten kann".[19] Unser Leben oder Tod ist und bleibt für uns das Geschehen, was sich einlöst je nach dem Verhalten: „Wer den Tempel Gottes zum Verderben bringt, den wird Gott verderben. Denn der Tempel Gottes ist heilig: Und der seid ihr"![20] Heilig ist für uns das seelische Vermacht-sein, wohl dem es gelingt, nicht zu weichen: „Deshalb erschlaffen wir nicht. Nein: Wird auch unser äußerer Mensch ins Verderben gehen, unser innerer erneuert sich Tag für Tag".[21]

Unser Fleischlich-sein, dem wir uns vermachen, führt ins Entleere. Es kommt dem Verderben nahe: „Ja: Wer auf sein Fleisch sät, der wird vom Fleisch Verderb ernten; wer aber auf den Geist sät – vom Geist unendliches Leben".[22] Zum Unendlichen des Lebens führt unser seelischer Weg. Wenn es uns gelingt, das himmlisch Wirksame einzulösen, gewinnen wir das Ewig-sein; hierfür ist bestimmt die fortbestehende innerliche Demut, nicht aber äußerliche Unterordnung: „Wenn sie sagen: Friede und Sicherheit – gerade dann tritt jäh sie das Verderben an, wie Wehen über jene kommt, die im Schoss trägt. Und entrinnen werden sie nicht".[23] Unser Verderben ist ein Erben, jeder Mensch bringt es mit sich heim, ja er hat nicht die Wahl, dem Erben nicht zu erwerben, und doch kann er durch das Erben nicht sterben. Ist aber jemand in seinem Erwerben Gottes Widersacher, dann gilt für ihn das Verderben: „Zur Strafe werden sie büßen mit endlosem Verderben, weg vom Angesicht des Herrn und von der Herrlichkeit seiner Stärke".[24]

Das Verderben hat große Macht, durch das unser Dasein bedrängt ist:

„Und viele werden ihren Ausschweifungen folgen, durch die der Weg der Wahrheit gelästert wird".[25] Unser Bedrängen kann durch das Mensch-sein geschehen. *Das uns himmlisch vermachte Wahr-sein* ist die außerirdische Herkunft. Der luziferische Antritt gibt sich als *das scheinreligiöse Wahr-sein*, wirklich betrachtet ist es eine Lüge. So sind wir von zwei Welten hin und her ruhelos vermacht: Licht oder Finsternis, ja Leben oder Tod. Jedoch, das religiöse Walten ist sich selbst gegeben, denn wir finden die zwei Welten in eins zu verfügen. Das Himmlische und die Unterwelt laufen bei uns ineinander, mehr das Eine oder das Andere bestimmen das So-sein: „Sie verheißen ihnen Freiheit, obwohl sie selbst der Verderbtheit Knechte sind – denn wovon einer sich besiegen lässt, dessen Knecht ist er".[26]

Viele werden immerdar verführend anstiften, denn das Weltgedenken ist für sie das getane Wahr-sein: „Und Jesus hob an und sprach zu ihnen: Habt im Blick, dass keiner euch in die Irre führe! Denn viele werden unter meinem Namen kommen und sagen: Ich bin der Messias! Und sie werden viele in die Irre führen".[27] Und was unwahr ist, wird wahr: „Denn Trugmessiasse und Trugpropheten werden sich erheben und gewaltige Zeichen und Wunderdinge tun, um – wenn möglich – auch die Erwählten in die Irre zu führen".[28] Das Verführen ist irdisch eine Leidenschaft, dessen Eindringen in das Wahr-sein führt ins Verderben: „Denn: Solche Leute sind nicht Knechte unseres Herrn, des Messias, sondern ihres Bauches, und durch ihr gütiges Zureden und die Lobpreisungen täuschen sie die Herzen der Unbefangenen".[29]

Das Verführt-sein ist und bleibt unser Ringen:

Nun geht es letztlich darum, in Klarheit und Reinheit wirkend sich zu gewinnen: „Ich fürchte aber, wie die Schlange in ihrer Arglist Eva täuschte, so möchte auch euer Denken verderben und sich von der Gutherzigkeit und gottgeweihten Gesinnung gegen den Messias abbringen lassen“.[30] Das verführende Abhalten der Schlange ist in allen vorhanden, denn fleischlich gedrängt ist das Verderben in uns. Übersinnlich zu wirken wäre für uns das Gelingen, indem wir seelisch in unser All-sein münden. Um dafür uns zu bereiten, bedarf es des Übersinnlich-erweckten: „Wir sollten nämlich keine Unmündigen mehr sein, hin und her gewirbelt und umgetrieben von jedem Wind der Lehre im trügerischen Würfelspiel der Menschen, inmitten von Arglist, die mit Methode zum Irrwahn führt“.[31]

„Ihr also, Geliebte, die ihr das im voraus wisst: Hütet euch, dass ihr nicht – durch den Irrwahn der Gesetzlosen mit fortgerissen – aus eurer eigenen Festigkeit herausfallt“.[32] Unser Herausfallen ist ein existierendes Anstiften im Ersetzen der Lüge. Das Unwahre trachtet danach, in dessen Vergelten uns aufzuzwingen. Denn lieblos ist immerzu sein Walten, dessen Erzwingen ist sein bietend loses Angefasst-sein. Wer selbst sich zum Gott-sein erheben will. „Geworfen ward der gewaltige Drache, die uralte Schlange, der Teufel, wie er heißt, und der Satanas, der die ganze bewohnte Welt Irreführende – geworfen ward er zur Erde. Und seine Engel wurden mit ihm geworfen“.[33] Der gewaltige Drache, der uns hier sich offenbart, ist der Drehpunkt allen Übels in der Welt. Und zwar von der Täuschung der Schlange bis zum heutigen Tag geht es dem Satanas darum, unser Mensch-sein in die Irre zu führen, ja, eigentlich unsere Seelen in seinem Reich zu unterjochen, denn auf diese Art will er an Gottes Stelle seine Herrschaft meistern: „Wenn wir sprächen: Wir haben keine Sünde – so führen wir uns selbst irre; und die Wahrheit ist nicht in uns“.[34] Wie wir sehen, geht es mit der Wahrheit darum, sie ins All-samt einzugravieren. Wenn wir im Einenden die Gestalt erfassen, dann ist und bleibt für uns das Erblühende.

53 Unser erduldendes Vergleichen: indem es beneidend sich anzieht, drängen wir das Erfahren ins Arge des Wählens

Im Vergleichen liegt das Keimen der Krise, denn wir vermachen uns das in Wirklichkeit unwahrhaftige Wahr-sein:

„Vertraue ganzen Herzens auf Jahwe, doch baue nicht auf eigene Klugheit. … Halte dich nicht ebenfalls für weise: fürchte vielmehr Jahwe und meide das Böse“![1] Im Vergleichen liegt das Keimen der Krise, denn wir vermachen uns das in Wirklichkeit unwahrhaftige Wahr-sein: Hier negiert das Bedürfnis im Meinen, alles im Griff zu haben, was eine Illusion ist. Unser kollektives Zugewiesen fragt nicht nach Jahwe, sondern nach dem allseitig Selbst-vermachten als dem ungebührenden Wahr-nehmen, und doch: „Glücklich der Mann, der Weisheit gefunden, der Mensch, der Einsicht erlangt! … Sie ist kostbarer als Korallen, ihr gleich kommt keine von deinen Kostbarkeiten“.[2]

Dass wir unser Frei-werden von all der kollektiv vermachten Manier durchleuchten, um zum ursprünglichen Wahr-sein zu gelangen, ist keine Kleinigkeit. Das Sein in uns bewirken zu lassen, ist unser Teil, das uns Leben-lassende jedoch ist wahrlich Jahwe: „Mit wem wollt ihr mich vergleichen und messen? Wem wollt ihr mich an die Seite stellen, dass wir uns gleichen“.[3] Aus unserer Anmaßung verübeln wir das Weltsein mit all unserem Begehren: „Bedenkt dies und schämt euch und nehmt es zu Herzen, ihr Abtrünnigen“.[4]

Nun geht es darum, unser So-sein entschieden abzudrosseln und ins Nicht-sein zu mindern. Erst dann leuchtet für uns das Licht im Vakuum. Es ist das seelische All-samt, dass das durch Melchisedek sich offengelegte Innehalten uns übertrifft. Melchisedek, genannt der König des Friedens, ist für uns ein tiefes Verbleiben, das wahres Geben und Nehmen In-eins mit sich bringt: „Er ist vaterlos, mutterlos, stammbaumlos, ohne Anfang der Tage und ohne Lebens Ende – gleichgestellt dem Sohne Gottes, bleibt er Priester fort und fort".[5] Dies ist das seelisch uns zugewiesene Wirken, das uns frei im Vermacht-sein zum Gelangen führt.

Die Schöpfung bewirkt uns dies im In-eins: „Und er sagte: Womit sollen wir das Königtum Gottes vergleichen oder mit welchem Gleichnis es darlegen?"[6] Das Königtum wahrzunehmen ist vorbehaltend uns gegeben, dies unter der Bedingung, dass unser Ersehnen nicht drunter und drüber ist. Unterjocht aber ist es vom bedrängenden Satanismus, was uns das Königtum nicht einsichtig sein lässt. Die gleichnishafte Hegemonie ist hier im All-samt. Sie ist *das Zueinander im All-seitigen* wie eine Höflichkeit, die das Ineinander für uns standhaft hält. Ihre Vormacht ist vom Sein nicht zu trennen, während das, was in uns zu Vergleichen gehört, im Zueinander nicht aufzuschließen ist.

Im Vergelten ist schlicht nichts wahrzunehmen, was sich das Leben-Selbst alle Zeit uns schenkt, so bleibt diese Tatsache für ein Empfangen unbegründet:

Das Vergelten – sein vergütendes Ersetzen – ist im Zuteilwerden zu klären: „Jahwe, mein Gott, wenn ich solches getan, wenn Unrecht haftet an meinen Händen: Wenn ich Böses getan meinem Freunde, wenn ich geschont einen ungerechten Bedränger".[7] Weil wir uns doch zu Ihm in einem Widerspruch befinden, der uns der Einsicht in diese Störung beraubt, ist der uns in Wahrheit tragende Lebensstrom verstellt: „Tu an ihnen, Jahwe, wie ihr Treiben verdient, nach der Bosheit ihrer Verbrechen. Entgelten lass sie das Werk ihrer Hände, zahle ihnen heim ihre Taten".[8] Trotz all dem dürfen wir daran nicht zweifeln, das in uns gestiftete Vermögen zum Urteil als authentische Kraft in unserem Grund gegenwärtig zu sein: „Liebet Jahwe, ihr Frommen alle; seine Getreuen behütet Jahwe. Doch zahlet reichlich er heim denen, die handeln in Übermut".[9] Würden wir diese Gabe nicht nur nicht ignorieren, sondern vielmehr weder das Veruntreuen noch ein Schmeicheln uns besinnen, dann ließe sie uns die dem Leben dienenden Werke erkennen: „Mit eigenen Augen wirst du es schauen, an den Sündern wirst du sehn die Vergeltung".[10]

Da wir aber aus Feigheit den Schritt nicht wagen, versuchen wir unser Versäumnis zu rechtfertigen. Infolge dessen halten wir das Vergelten eines Vorgehens je nach unserem äußeren oder inneren Verfasst-sein für gerecht oder ungerecht, doch: „Nicht handelt er an uns nach unseren Sünden, und nach den Missetaten vergilt er uns nicht".[11] Die Gegenseite äußert sich oftmals in Neid und bewegt so die Leidenschaft. Die erweckte Begierde aber trübt das Vermögen des Erkennens, da ein derartiges Vergleichen unserem Gebühren entspricht: „Und ihr Unrecht wird er ihnen vergelten, er wird sie verderben durch ihre eigene Bosheit, ja, verderben wird sie Jahwe, unser Gott".[12] Nur derjenige, der das Vergelten Jahwe für gerecht hält, kann sagen: „Was soll ich entrichten Jahwe für alles, was er mir Gutes getan?"[13]

Das vermehrende Vergelten der Machenschaft wird für uns selbst zum Maß für Gerechtigkeit oder Ungerechtigkeit. Versteckter Stolz ist hier das treibende Motiv für das Urteil. Und doch: „Die Frucht eines Mannes Munde sättigt ihn reich; und gute Tat aus eines Menschen Händen kommt ihm wieder zu".[14] Ferner, weil das Empfangen an sich als Anspruch auf Besitz verstanden wird, und weil das Vergleichen von unseren Interessen nicht frei sein kann, wird das Begehren nach dem geweckt, was wir nicht haben, oder was unserer Ansicht von Gerechtigkeit nicht entspricht: „Wer das Wort verachtet, geht zugrunde; doch wer das Gebot in Ehrfurcht annimmt, bleibt unversehrt".[15] Wir sind deshalb versucht, unter dem Anspruch von Gerechtigkeit unser eigenes Leiden in erfahrene Ungerechtigkeit zu übertragen, um es zu lindern: „Unglück verfolgt die Sünder; doch den Gerechten wird mit Gutem vergolten".[16] Bleibt unser Überzeugen von Gerechtigkeit unerfüllt, erfahren wir uns nicht nur verletzt, sondern fluchten ins Zürnen. Dies verrät, wie unfrei der Anspruch von uns selbst ist. Eben deshalb streben wir danach, uns selbst zu rechtfertigen, was nicht möglich ist, ohne andere zu richten: „Sage nicht: Ich will das Böse heimzahlen! Vertraue Jahwe, und er wird dich schadlos halten![17] Ja: „Wer sich erbarmt der Hilfsbedürftigen, leiht an Jahwe aus, und er wird ihm seine Guttat vergelten".[18]

Befangen in der Überzeugung, was gerecht sei, stellen wir die Gerechtigkeit Gottes infrage, ja, sogar projizieren wir unsere Erfahrung von Ungerechtigkeit in Ihn, als sei Er ungerecht: „Wenn du sagst: Wir haben doch davon nichts gewusst!, doch der die Herzen prüft, er durchschaut es. Der überwacht deine Seele, er weiß es, und er vergilt dem Menschen nach seinem Tun".[19] Solch ein Tun schlägt zurück und wir fällen letztlich damit ein Urteil über uns selbst: „Doch wehe den Gottlosen! Denn ihm geht es böse. Was seine Hände verübten, wird ihm heimgezahlt".[20] Gott hat jedoch in uns das Vermögen gestiftet, Seine Gerechtigkeit zu erkennen und ganz darauf zu vertrauen: „Sagt den verzagten Herzen: Mut! Fürchtet euch nicht! Seht da, euer Gott! Es kommt die Rache, es naht Gottes Vergeltung! Er selber kommt, um euch zu retten".[21] Je mehr der Ich-Wille in den Vordergrund tritt, desto seichter wird dieses Vertrauen, unser Bemühen um Gerechtigkeit verstrickt sich in die eigenen – uns selbst oftmals verborgenen – Interessen: „Denn seht, Jahwe kommt im Feuer, dem Sturmwind gleich sind seine Wagen, um in Glut seinen Zorn auszulassen und sein Schelten in lodernden Flammen".[22]

Wir bedenken nicht, dass unsere Haltung in Wirklichkeit die in Gottes Gerechtigkeit gegenwärtige Barmherzigkeit abweist: „Man vergilt doch nicht Gutes mit Bösem (denn sie haben meinem Leben eine Grube gegraben). Denk vielmehr daran, wie ich vor deinem Angesichte stand, um Fürsprache für sie einzulegen, und deinen Zorn von ihnen abzuwenden".[23] Gerechtigkeit Gottes, wie ist sie zu erfahren? „Denn: Der Menschensohn wird kommen in der Herrlichkeit seines Vaters mit seinen Engeln, und dann wird er einem jeden vergelten nach seinem Tun".[24] Seine allumfassend handelnde Gerechtigkeit ist ohne Maß, nicht innerweltlich zu fassen; sie zeigt sich in der Spanne zwischen Vergänglichkeit und Unvergänglichkeit: „Und selig bist du, weil sie nichts haben, um es dir wettzumachen. Denn wettgemacht wird es dir bei der Auferstehung der Gerechten".[25]

Unser Verborgen-sein ist in einem Widerspruch, der uns der Einsicht in diese Störung beraubt. Der Lebensstrom, der uns die Wahrheit trägt, ist verstellt:

Gehen wir verborgen mit einer uns zugekommenen authentischen Erfahrung unachtsam um, so erleiden wir Schaden: das Verkostete wird veruntreut. Unser innerer Widerspruch, der durch jene Erfahrung aufgedeckt werden sollte, wird uns nicht nur nicht einsehbar, sondern wir werden in ihm tiefer gefesselt. Unachtsamkeit kommt aus dem grundlegenden Makel, die Wahrheit zu erkennen: „Wer aber wird seiner Fehler gewahr? Von allen, die mir verborgen, mache mich rein".[26] Die Neigung nimmt zu, die in der Erfahrung aufgetragene Verantwortung zu ignorieren, zu verdrängen oder zu verweigern. Wird die Schuldigkeit zur Umkehr nicht erkannt, so folgt daraus Leiden, dessen Ursache aus sich selbst nicht einsichtig werden kann; und doch dies ist nicht alles: „Herr, offenbar ist dir mein Verlangen, mein Seufzen ist nicht verborgen vor dir".[27]

Wer achtsam dem Ruf zur Umkehr folgt, für den geschieht innere Befreiung von dem, das ihn manipuliert und quält: „Doch siehe, du hast gefallen an der Wahrheit des Herzens; lehre du mich Geheimnisse der Weisheit".[28] Je eindeutiger er die Refugien des Dunklen in sich wahrnimmt und dies bejahend zulässt, desto einsichtiger wird ihm die Ursache seines Leidens, nämlich nistet dieses und jenes unversöhnt in ihm: „Gott, du kennst meine Torheit, und meine Vergehen sind nicht verborgen vor dir".[29] Je tiefer er zur Wurzel der Störung – die innere Finsternis durchschreitend – hinabsteigt, desto freier wird er von verkehrten Fesseln: was er zuvor für glaubwürdig hielt, wird nun gegenstandslos. Der Weg kann zwar in diesem Leben begonnen, jedoch nicht vollendet werden: „Darum ängstet euch nicht vor ihnen. Denn: Nichts ist verhüllt, was nicht enthüllt, und nichts verborgen, was nicht kund werden soll“.[30]

Im Versuch, dem inneren Verborgen-sein zu entfliehen, erkennen wir erzwungen, dass die Störung, die unser Vertrauen unterwandert, nicht aus eigener Kraft zu bewältigen ist: „Keiner tut etwas im Verborgenen und sucht zugleich, in der Öffentlichkeit zu sein“.[31] Im Vertrauen auf die Kraft des Unbegreiflichen wird uns der Weg der Umkehr erschlossen; unser Wille muss sich absolut fügen, denn so kann er dafür das not-wendende Werkzeug sein. Je mehr das Vertrauen wächst, umso weniger kann der Selbstanspruch des Eigen-Willens Schaden stiften, so dass die dem Grund widersprechenden Absichten und deren Folgen allmählich versiegen: „Nein! Wir reden von Gottes verborgen gehaltener Weisheit voll Geheimnis, die Gott vorherbestimmt hat vor den Weltzeiten – zu unserer Verherrlichung“.[32] In dem Maße, wie der Eigen-Wille sich in den Willen des Lebens – sein erbarmendes Handeln – integriert, werden wir fähig, uns für *das Leben-Selbst* klar zu entscheiden: „Die Heimlichkeiten seines Herzens werden zum Vorschein kommen, und so wird er auf sein Gesicht niederfallen, sich tief vor Gott verneigen und berichten: Gott ist wirklich unter euch“.[33]

Unsere Nichtigkeit ist hierfür erzwungen. Denn wer sich auf den Weg begibt, wird von seinen Zuständen, die seine Entscheidung beeinträchtigen, sukzessiv gereinigt: letztlich ist das in uns Geschichtete zu lösen. Wird eigene Schuld – der Widerspruch gegen das Leben – in ihrer Wurzel erkannt und eingestanden, kann sie getilgt werden. In dem Maße, wie sich dies ereignet, fällt sein Entscheiden mit dem Willen dessen, das ihn leben lässt, zusammen. Er sieht nun ein, dass jeder von uns – sowohl er selbst als auch seine Gegner – im innersten Grund vom *Leben-Selbst* angenommen ist: „Wer ein Ohr hat, höre, was der Geist den Gemeinden sagt: Wer siegt, dem gebe ich von dem verborgenen Manna. Und ich gebe ihm einen weißen Stein. Und auf dem Stein ist ein neuer Name geschrieben, den keiner kennt, denn der ihn empfängt“.[34]

In Hochmut wagen diejenigen, die aus Feigheit ihr Versäumnis rechtfertigen, indem sie sich ständig mit anderen argwöhnend vergleichen:

In ihrer Absicht trachten sie danach, das Bewusstsein des Menschen zu verdunkeln, um ihn von der *Akt-Dynamik* – dem wahren Lebens-Austausch – trennen zu suchen: „Liebet Jahwe, ihr Frommen alle; seine Getreuen behütet Jahwe. Doch zahlet reichlich er heim denen, die handeln in Übermut“.[35] Ihre Absicht kann ihnen deshalb gelingen, weil in uns die damit korrespondierende Finsternis haust: „Nun aber rühmt ihr euch in eurem Protzentum – all solches Rühmen ist vom Bösen“.[36] Je entfernter der Mensch vom Lebens-Fluss ist, desto verdunkelter wird sein Bewusstsein; Geist, Seele und Leib sind davon betroffen. Dessen Folge sind Gier, Zorn und Unwissen: „Das ist nicht die Weisheit, die von oben kommt, sondern eine irdische – dem Leben verfallen, vom Abergeist besessen“.[37] Untergeordnet den eigenen Interessen erstarrt das vom Leben Empfangene, denn es verliert die Authentizität, die nur im Lebensfluss erhalten bleibt: „Ihr begehrt und bekommt doch nichts. Mörderisch seid ihr und eifersüchtig und könnt es doch nicht erreichen“.[38] Die daraus entstehende Verschuldung tritt unweigerlich zutage: „Ihr bittet und empfangt doch nicht, weil ihr auf üble Weise bittet, um es in euren Lüsten zu vergeuden“.[39]

Weil die ungelöste Schuld zu einem Hindernis der Einsicht in sich selbst wird, versucht er in täuschender Weise zu leben: „Unterwerft euch also Gott. Widersteht dem Teufel, und er wird vor euch fliehen“.[40] Aufgrund des Widerspruchs zu sich selbst – zu der in seinem Grund gelegten Identität – verliert er den ursprünglichen Sinn des Mensch-seins, wodurch die

Umkehr blockiert ist: „Sie äußern Hochtrabendes und Nichtiges, verführen mit fleischlichen Begierden durch Ausschweifungen die wenigen, die vor denen fliehen, die im Irrwahn wandeln“.[41] Dieses fundamentale Hindernis trifft nicht nur das instrumentelle Bewusstsein, sondern reicht tief hinein bis in die Differenz der Kern-$_F$. Wer glaubt, über die instrumentellen Vermögen das Hindernis auflösen zu können, unterschätzt dessen Ausmaß, denn das Erkennen insgesamt ist davon befallen „Wenn sie nämlich den Befleckungen der Welt entfliehen durch die Erkenntnis unseres Herrn und Retters Jesus des Messias – und in sie dann wieder verstrickt – sich besiegen lassen, so wird bei ihnen das Letzte schlimmer sein als das Erste“.[42]

Das Gottes Geheimnis liegt nicht im Machen, was unser Leben erhält, sondern die in allem grundgelegten Kräfte wirken gemäß des in ihnen gegebenen Lebens-Impulses:

Kein Machen erhält unser Leben. Nicht der Eigen-wille lässt uns wirklich leben, sondern das In-eins in allem Gegebenen. Je geringfügiger ein Mensch auf sich selbst bezogen entkeimt, desto mehr können die himmlischen Kräfte durch ihn wirken, sogar soweit, dass er die Einheit allen Seins zusammen für wahr nimmt: „Jahwes Geheimnis wird denen zuteil, die ihn fürchten; er macht seinen Bund ihnen offenbar“.[43] Kehrt der Mensch in seinen Grund, so erhält er dort Einsicht in das ihm Aufgetragene: „Er antwortete und sprach zu ihnen: Euch ist gegeben, die Geheimnisse des Königtums der Himmel zu erkennen, jenen aber ist es nicht gegeben“.[44] In Wahrheit geht ihm der Sinn seines Daseins – seine Mitverantwortung auch für das Leiden in der Welt – zum ersten Mal auf: „Betrübnis, die dem Sinnen Gottes gemäß ist, bewirkt ja Umkehr zur Rettung, die nimmer reut. Die Betrübnis der Welt aber wirkt Tod“.[45] Durch das existentiell einbezogene Erfahren von Leiden wird sein zuvor distanziertes Unbeteiligt-sein als illusionäres Verhalten entlarvt, denn jedes Ereignis trifft immer das Ganze: „Denn: Nicht zum Zorn hat Gott uns bestimmt, sondern dass uns die Rettung durch unseren Herrn Jesus den Messias zu eigen werde".[46] Das Mit-leiden ist nicht zu vollziehen, ohne den Weg des Sterbens im Eigen-Willen einzuschlagen. Allerdings ist dieser Weg aus eigener Kraft allein nicht begehbar: „Deshalb harre ich aus in allem um der Auserwählten willen, damit auch sie Rettung erlangen, und zwar in Eins mit dem Messias Jesus – voll unendlicher Herrlichkeit".[47]

Je tiefgründiger uns das Unvermögen aufgeht, desto mehr kann *das Leben-Selbst* in uns wirken, weil gerade dort, wo wir aus uns selbst nichts mehr vermögen, das Seine sich hineingießt: „Und von Kind auf kennst du die heiligen Schriften: Sie vermögen dich weise zu machen zur Rettung durch den Glauben – in Eins mit dem Messias Jesus".[48] *Das Leben-Selbst* schenkt sich, der Mensch empfängt das, was im Augenblick für sein Weitergehen Not tut: „Ihr seid in Gottes Kraft durch den Glauben behütet auf Rettung hin, die vorbereitet ist, um in der letzten Zeit enthüllt zu werden".[49] Indem er sich in völliger Zuversicht zu Ihm, der Quelle des Lebens, wendet und Ihm in seiner Hingabe für das Empfangene dankt, antwortet er auf Seinen Ruf. Je aufrichtiger er nach *dem Leben-Selbst* – Seinem Willen – verlangt, desto entschiedener kann er sich von seinem Eigen-Willen lösen; seine Demut vor Ihm läutert sich, sie ist nicht mehr gebunden in kleingläubiger Furcht: „In deine Hände befehle ich meinen Geist; du wirst mich erlösen, Jahwe. Du Gott der Treue".[50]

Das Erfüllt-sein in Eins entlarvt die dunklen Mächte, bewahrt vor ihren Fallstricken und gibt dem Erfüllten die Kraft, in der Bedrängnis standhaft zu bleiben: eben diese Einung, das Erfüllt-sein, wollen die dunklen Mächte hindern, indem sie sich in das Zueinander von Identität und Differenz – in Analogie des Leben-Schenkenden zum Empfangenden – einzumischen versuchen: „Dein gerechtes Walten habe ich nicht verschlossen im Herzen, ich habe deine Treue gepriesen und deine Hilfe. Ich habe nicht geschwiegen von deiner Gnade, vor großer Gemeinde nicht deine Treue verhehlt".[51] Die ganze Schöpfung teilt uns das Leben mit, das sie zeichenhaft in ihren Erscheinungen in sich birgt. Auch sie harrt sehnsüchtig von der Vergänglichkeit, der sie unterworfen ist, befreit zu werden. Diese Fesseln können weder der Mensch noch die Natur aus eigenem Vermögen lösen: „Du aber, Herr, bist ein Gott, der barmherzig und gnädig; zögernd im Zorn und reich an Güte und Treue".[52] Deshalb muss *das Leben-Selbst* in Seinem erbarmenden Handeln uns zu Hilfe kommen, um das Tor zum Leben zu erschließen: „Schuld wird gutgemacht durch Liebe und Treue; doch in der Furcht Jahwes hält man vom Bösen sich fern".[53] Wahres Erwachen vollzieht sich immer in Einheit mit der in der ganzen Schöpfung gegenwärtig wirkenden Lebens-Kraft. Sich nicht dem Eigen-Willen zuzueignen, ihm nicht mehr Folge zu leisten, ist ein Zeichen des Schweigens: in der Friedens-Stille allein kann der wahre Lebens-Impuls vernommen werden: „Siehe, ich schaffe ihnen Gesundheit und Heilung und mache sie wieder gesund und eröffne ihnen Sicherheit und Frieden in Fülle".[54]

Endnoten

35 *Christus im Sein* zu begegnen: in unserem Mensch-sein, ja bis zu all den Geschöpfen.

1 Offb 3,20
2 Kol 2,2-3
3 Tim 2,11-13

36 Mit-leiden: vom Selbst-sein entfesselt, befreit zuzugreifen

1 2 Petr 1,19
2 Sir 20,7
3 1 Kor 12,26
4 Joh 15,5
5 → 1 Joh 3,9
6 Röm 7,19-20
7 → Mt 12,43-45

37 Schuld: anzüglich deutende Demut der bewahrten Liebe, die fürwahr genötigt sind, zu verblühen durch unser not-trächtig sühnendes Augenmerk

1 Mt 15,13
2 Ps 51,7
3 Ps 34,23; → Lk 23,39-42
4 Ps 69,6
5 Spr 21,8
6 → Joh 6,33-35
7 Mt 7,2b
8 → Röm 8,36-39
9 Johannes vom Kreuz, Bd. 5, Kleine Schriften, S. 171
10 Heinrich Seuse, Das Büchlein der Ewigen Weisheit
11 Ebd.
12 Mt 5,21-22
13 Johannes vom Kreuz, Bd. 5, S. 87
14 1 Kor 11,27; 29; 31-32
15 Joh 15,10
16 Joh 3,16
17 Joh 3,19
18 Joh 12,25
19 Basilius der Große
20 Lk 10,18

21 → Joh 14,15-21
22 Sir 14,9
23 Mt 12,31-32
24 Johannes Tauler, Predigen, Johannes Verlag Einsiedeln, Bd. 1, S. 257
25 Lk 14,34-35
26 Ephräm der Syrer
27 → Mt 7,21-27
28 F. M. Dostojewski
29 Johannes vom Kreuz, Bd.3, Lebendige Liebesflamme, S. 375

38 Dankbarkeit: unser williges Geneigt-sein weilt, dem Allvater nicht zu entweichen

1 1 Thes 5,15-18
2 Ps 51,7
3 Ps 28,6-7
4 Ps 139,14
5 Röm 1,18-21
6 Ps 138,6
7 Ps 116,6-8
8 Phil 4,6-7
9 Ps 50,15;23 ; Mt 11,28-30
10 Ps 106,1; Mt 11,28-30
11 → Lk 16,19 31
12 Mt 11,28-30
13 Ps 145,10

39 Ehrfurcht: unser Verwoben-sein mit dem All-samt verpflichtet

1 Mt 15,3-9
2 Joh 5,44
3 Lk 10,18f
4 Jer 13,16
5 Joh 7,18
6 Ps 29,9b
7 1 Petr 4,11
8 Ps 4,3
9 Offb 14,7
10 1 Joh 4,9
11 Offb 3,19f
12 Röm 11,36
13 Joh 8,54; → Joh 5, 23f
14 Ps 84,12
15 Ps 73,24
16 Ps 115,1
17 Ps 91,15

18 Lk 2,14
19 2 Tim 4,18
20 Ps 62,8
21 Ps 63,3
22 Ps 104,31
23 Joh 8,50
24 Ps 57,9

40 Verdunklung: das entheiligte Sein mündet in licht-loses Wirken

1 Weish 17,1-5
2 Jes 5,20-21
3 Weish 2,23-24
4 Mt 6,22-23
5 Eph 6,12
6 Ijob 30,26
7 Mt 12,30
8 → Eph 6,10-20
9 2 Petr 2,14-17
10 Jes 45,7; → 2 Kor 4,6
11 Joh 3,19
12 Mt 25,29f
13 Apg 26,18
14 Ps 112,4
15 1 Joh 1,5
16 Kol 1,16-17
17 Joh 1,5
18 Joh 12,35

41 Drei Gifte: die Gier, der Zorn und das Unwissen peilen im diabolisch Erwirkten den Ur-sinn allen Seins an

1 Spr 8,35-36
2 → Joh 1,5
3 Eph 4,22-23
4 Eph 4,17-19
5 Spr 26,28
6 Jak 3,5f
7 Gal 5,16-17
8 Weish 1,16
9 Spr 6,16-19
10 Röm 1,20f
11 Jak 4,3

42 Die innere Störung: der Kernpunkt des im Innern Verdunkeltseins

1 Ps 119,67
2 Eph 4,18
3 Apg 17,30
4 1 Petr 2,15-16
5 Hos 4,8
6 Röm 1,24-25
7 Spr 6,23
8 Röm 6,12

43 Vertrauen: das Verloren-gegangene wieder zu gewinnen

1 Mt 6,25b
2 Blaise Pascal
3 Spr 4,13
4 2 Kor 1,9
5 Jes 59,4
6 Ez 34,1-11
7 Offb 3,20
8 Hebr 10,35-36
9 Jer 39,18
10 1 Thess 2,4
11 Hos 2,21

44 Süchtig-gesehnt: das Befreit-werden aus dem Vergänglichen

1 2 Kor 5,2-3
2 Sir 18,31
3 → Lk 6,39-45
4 → Sir 27,4-8
5 → 1 Kor 15,54-58
6 Röm 8,22-23
7 Sir 5,18-19
8 Röm 6,12
9 Sir 15,14-15
10 Röm 7,23
11 Röm 8,22-23
12 Ps 119,81-82
13 Phil 1,20
14 Offb 3,19-20
15 Sir 18,31
16 Sir 14,9
17 Mk 9,46
18 Mk 9,49-50

45 Das erlösende Morgenrot: es erweckt unser Verbunden-sein durch Jesus-Christus

1 Lk 10,22
2 Joh 10,1-2
3 Koh 12,13-14
4 Koh 3,14
5 Koh 3,15
6 Röm 8,19
7 Röm 8,20
8 2 Kor 5,17
9 Joh 1,29b
10 Koh 4,4
11 → Ps 51,6
12 Sir 1,20
13 Sir 15,1.3
14 Jes 56,1
15 Sir 15,14-15
16 Lk 4,18-19
17 Lk 4,21
18 Sir 15,17-18
19 Sir 15,20
20 Jakob Böhme, Aurora, 23. Kapitel
21 Reinhold Schneider
22 Kol 1,15-17
23 Weish 9,1-3
24 Jak 1,13-15

46 Das Wirk-feld unseres Erbeutens: jeder Art des Zerstreuens bleibt ein Ausfluss dessen Wirkens

1 Johannes Tauler, Predigten, Johannes Verlag Einsiedeln, Bd. 1, Pred. 18, S. 127f
2 Jak 4,3
3 1 Kor 15,55
4 1 Kor 15,58
5 Spr 4,13
6 Spr 4,19-23
7 Mt 17,5
8 Mt 27,46
9 Sir 17,24-25
10 Ebd, 17,26.28
11 Mt 6,25 → Mk 4,26-41
12 Röm 8,19; 22-23
13 Röm 11,36
14 Johannes Chrysostomos

15 Johannes vom Kreuz, Kösel Verlag, München, Sämtliche Werke, Bd. Geistlicher Gesang, S. 57

47 Unser Versucht-sein: im Entweichen das anstiftende Gebären zu ergründen

1 Off 3,10
2 2 Petr 2,9-10
3 Mk 14,38
4 1 Petr 4,1-2
5 Jer 17,9
6 1 Tim 6,9-10
7 Jak 1,14f

48 Unser Fliehen: die Anfechtung vor der fälschlich getroffenen Alternative

1 Jer 17,14-16
2 Sir 18,31
3 Kol 2,8
4 Ijob 12,10
5 2 Thess 2,9-10
6 1 Tim 6,11
7 Röm 7,13
8 Joh 6,27
9 1 Kor 6,18-19
10 1 Sam 16,7b
11 2 Petr 1,4
12 Jak 4,7
13 Jak 4,3
14 Ijob 34,11
15 2 Kor 7,10
16 Koh 5,12
17 Mt 13,12
18 Sir 17,31
19 Eph 1,11-12
20 2 Petr 2,20
21 2 Petr 3,17
22 Jes 32,6
23 Spr 21,6
24 Spr 14,22
25 Spr 11,18-19

49 Das Mensch-sein als ein Nichts: im Süchtigen weilt das Sich-selbst-sein fortwährend

1 Röm 7,24-25

2	Röm 5,18
3	→ Lk 10,18
4	Lk 7,21-23
5	1 Sam 25,29
6	Spr 29,25
7	2 Petr 2,18-19
8	Spr 8,35-36
9	Röm 5,19
10	Lk 16,15
11	1 Kor 2,14
12	Röm 7,18
13	Ps 39,12
14	Ijob 12,10
15	Joh 3,19
16	1 Tim 4,4-5
17	Tit 2,11-12

50 Das enthüllte Sein in der Kluft zu bestehen: die genötigt ergriffene Spur von All-denen – es gibt für sie kein Miteinander

1	Lk 16,25b-26
2	Spr 21,16
3	Mk 7,8
4	Mt 23,28
5	Lk 21,26
6	Ps 73,5
7	Ps 32,2
8	Jona 2,9
9	Ps 12,9
10	1 Sam 13,6
11	Jes 2,19
12	Obd 3
13	Joh 11,38
14	Gal 3,11
15	Hebr 11,38
16	Offb 6,15
17	Hebr 12,15-16
18	Ps 55,10
19	Spr 16,28
20	Mt 12,25-26
21	Lk 12,52
22	Ps 143,3-4
23	Ps 107,4
24	Jer 2,19
25	Ps 64,4-5

51 Die Feindes-Liebe: sie zu pflegen schreitet uns an den Mark-Nerv; es gibt diesbezüglich nur eine Chance, kletternd zu reifen

1 Spr 8,36
2 Mi 3,2
3 Mt 5,43-45
4 Joh 15,9
5 Lk 6,27-28
6 Mt 10,22
7 Lk 6,22
8 Joh 12,25
9 Röm 12,9
10 2 Kor 5,18
11 1 Joh 2,2
12 1 Joh 4,10
13 Röm 12,20
14 Röm 5,10
15 Gal 4,14
16 2 Thess 1,5 → Ps 126,5-6
17 2 Tim 3,12
18 2 Tim 4,3-5
19 1 Petr 2,19
20 1 Petr 4,1
21 Hebr 2,18
22 Mt 3,17
23 Joh 13,34
24 Röm 13,8
25 Joh 17,23
26 Gal 2,20
27 Gal 5,13
28 1 Petr 1,8
29 1 Joh 2,15
30 1 Joh 3,14
31 1 Joh 3.23
32 1 Joh 4,19
33 1 Joh 4,12
34 Röm 5,5:8
35 Eph 3,17
36 2 Kor 5,14a
37 Eph 2,4

52 Das Verlangen des Mensch-seins: primär berührt es das Fleischliche, das gebärend Seelische-ansinnen ist zu entheben

1 Ps 25,1-2
2 Ps 63,2

3 Ps 84,3
4 Ps 119,81
5 Lk 22,15
6 Röm 1,11
7 Phil 1,8
8 2 Kor 7,11
9 Ps 42,9
10 Ps 106,4
11 Ps 133,3
12 Ps 111,9
13 Hebr 9,15
14 Jak 1,12
15 Hebr 10,23
16 2 Kor 7,1
17 Eph 1,13
18 1 Joh 2,25
19 Mt 10,28
20 1 Kor 3,17
21 2 Kor 4,16
22 Gal 6,8
23 1 Thess 5,3
24 2 Thess 1,9
25 2 Petr 2,2
26 2 Petr 2,19
27 Mt 24,4-5
28 Mt 24,24
29 Röm 16,18
30 2 Kor 11,3
31 Eph 4,14
32 2 Petr 3,17
33 Offb 12,9
34 1 Joh 1,8

53 Unser erduldendes Vergleichen: indem es beneidend sich anzieht, drängen wir das Erfahren ins Arge des Wählens

1 Spr 3,5.7
2 Spr 3,13.15
3 Jes 46,5
4 Jes 46,8
5 Heb 7,3
6 Mk 4,30
7 Ps 7,4-5
8 Ps 28,4
9 Ps 31,24